Danièle Bourdais   Sue Finnie

Contents

Unit		Page
Départ	**Bonjour!** *Hello!*	2
1	**Me voilà!** *Here I am!*	4
2	**Ma passion** *What I love*	12
	Star-idole *Pop idol*	20
3	**Il fait beau** *The weather's fine*	22
4	**Par ici** *This way*	30
	Le corbeau et le renard *The crow and the fox*	40
5	**À table!** *Food's ready!*	42
6	**S'il vous plaît** *Please*	52
	Le carnaval des pays *The countries' carnival*	62

Départ

Bonjour!

a b c d
e f g h
i j k l

 **1** Regardez et parlez.

 **2** Écoutez. C'est quelle image?

 **3** Écoutez. C'est quoi?

 **4** Jouez!

A: Je vois quelque chose qui commence par 'c'.   **B**: Un chat?

A: Non.   **B**: Une crêpe!

2 DEUX

Les aventures de Néo et Lili

 5 Écoutez et regardez.

 6 Lisez.

Néo est un extra-terrestre. Il a une copine, Lili.

Unité 1

Me voilà!

Je parle français

Refrain
*Moi, je parle parle parle français,
Mais je sais aussi parler
les langues du monde entier!*

C'est sympa en Italie
On mange des spaghetti
Voilà, je parle italien!
C'est bien!
Refrain

En Angleterre, c'est très chouette
En t-shirts et en baskets
Voilà, je parle anglais!
Oh yeah … !
Refrain

En Espagne, c'est génial
Il y a la Costa del Sol!
Je sais parler espagnol!
Olé!
Refrain

Au Japon, c'est rigolo
Le judo en kimono
Je sais parler japonais!
Oh ouais!
Refrain

Et en Chine, c'est vraiment fou
On aime beaucoup le kung-fu
Et voilà, je parle chinois!
Ou-ahhhhhhhh!
Refrain

1 **Écoutez et lisez.**

2 **Chantez!**

4 QUATRE

J'habite à Dakar

le Sénégal

Étienne à Dakar

la Belgique

Camille à Bruxelles

 **3** Écoutez le jeu 'Ni oui ni non' avec Étienne et Camille.

 **4** Joue à 'Ni oui ni non' avec un/une partenaire!

A Ça va?

Tu t'appelles comment?

Ça s'écrit comment? N-é-o?

Tu parles français?

Tu habites à Paris?

Tu habites en France?

Alors, tu habites où?

B Ça va bien.

Je m'appelle Néo.

C'est ça!

Français, anglais et ?✸✡≈✹!

Je n'habite pas à Paris.

Je n'habite pas en France.

J'habite sur une comète!

CINQ 5

J'aime l'Europe!

1 Romain, *Paris*

2 Audrey, *Marseille*

3 Harry, *Leeds*

a J'aime bien jouer au football.

b J'aime bien jouer à la PlayStation.

c J'aime bien écouter de la musique.

12 Cristina, *Barcelone*

11 Sandro, *Madrid*

10 Jon, *Stockholm*

Tu es de quelle nationalité?
Qu'est-ce que tu aimes faire?

5 Lisez les questions et écoutez les réponses.

6 Lisez les bulles. Qui dit ça?

6 SIX

Unité 1

4
Emily, *Londres*

5
Dieter, *Berlin*

6
Anna, *Francfort*

d J'aime bien jouer au tennis.

e J'aime bien regarder la télé.

f J'aime bien voir mes copains.

7
Bianca, *Rome*

9
Ulrike, *Stockholm*

8
Luca, *Milan*

 **7** **Jouez!**

A: Six!    **B**: Tu t'appelles comment?

A: Je m'appelle Anna …

En plus! **Parlez.**

Numéro sept!

A: Elle s'appelle Bianca.
Elle est italienne., etc.

> Il/Elle s'appelle comment?
> Il/Elle est de quelle nationalité?
> Il/Elle habite où?
> Qu'est-ce qu'il/elle aime faire?

Workbook, p. 3

SEPT 7

Je suis né un samedi

 **8** Écoutez et lisez.

1	2	J	F	M	A	M	J	J	A	S	O	N	D	3	4	JOUR
1981	2009	4	0	0	3	5	1	3	6	2	4	0	2	1	**	DIMANCHE
1982	2010	5	1	1	4	6	2	4	0	3	5	1	3	2	**	LUNDI
1983	2011	6	2	2	5	0	3	5	1	4	6	2	4	3	**	MARDI
1984	2012	0	3	4	0	2	5	0	3	6	1	4	6	4	**	MERCREDI
1985	2013	2	5	5	1	3	6	1	4	0	2	5	0	5	**	JEUDI
1986	2014	3	6	6	2	4	0	2	5	1	3	6	1	6	**	VENDREDI
1987	2015	4	0	0	3	5	1	3	6	2	4	0	2	7	**	SAMEDI
1988	2016	5	1	2	5	0	3	5	1	4	6	2	4	8	29	DIMANCHE
1989	2017	0	3	3	6	1	4	6	2	5	0	3	5	9	30	LUNDI
1990	2018	1	4	4	0	2	5	0	3	6	1	4	6	10	31	MARDI
1991	2019	2	5	5	1	3	6	1	4	0	2	5	0	11	32	MERCREDI
1992	2020	3	6	0	3	5	1	3	6	2	4	0	2	12	33	JEUDI
1993	2021	5	1	1	4	6	2	4	0	3	5	1	3	13	34	VENDREDI
1994	2022	6	2	2	5	0	3	5	1	4	6	2	4	14	35	SAMEDI
1995	2023	0	3	3	6	1	4	6	2	5	0	3	5	15	36	DIMANCHE
1996	2024	1	4	5	1	3	6	1	4	0	2	5	0	16	37	LUNDI
1997	2025	3	6	6	2	4	0	2	5	1	3	6	1	17	**	MARDI
1998	2026	4	0	0	3	5	1	3	6	2	4	0	2	18	**	MERCREDI
1999	2027	5	1	1	4	6	2	4	0	3	5	1	3	19	**	JEUDI
2000	2028	6	2	3	6	1	4	6	2	5	0	3	5	20	**	VENDREDI
2001	2029	1	4	4	0	2	5	0	3	6	1	4	6	21	**	SAMEDI
2002	2030	2	5	5	1	3	6	1	4	0	2	5	0	22	**	DIMANCHE
2003	2031	3	6	6	2	4	0	2	5	1	3	6	1	23	**	LUNDI
2004	2032	4	0	1	4	6	2	4	0	3	5	1	3	24	**	MARDI
2005	2033	6	2	2	5	0	3	5	1	4	6	2	4	25	**	MERCREDI
2006	2034	0	3	3	6	1	4	6	2	5	0	3	5	26	**	JEUDI
2007	2035	1	4	4	0	2	5	0	3	6	1	4	6	27	**	VENDREDI
2008	2036	2	5	6	2	4	0	2	5	1	3	6	1	28	**	SAMEDI

Tu es né(e) un lundi?
Tu as bon appétit!

Tu es né(e) un mardi?
Tu aimes bien le gris!

Tu es né(e) un mercredi?
Tu n'aimes pas les spaghetti!

Tu es né(e) un jeudi?
Tu as beaucoup d'amis!

Tu es né(e) un vendredi?
Tu aimes bien les biscuits!

Tu es né(e) un samedi?
Tu adores les souris!

Tu es né(e) un dimanche?
Tu as de la chance!

Tu es né(e) quel jour de la semaine?

Il faut:

1 la date de naissance: **le 10 juin 1995**
2 l'année (colonne 1 ou 2): **1995**
3 le mois: **juin**
4 le chiffre de la colonne du mois + la date d'anniversaire: **4 + 10 = 14**
5 le chiffre (colonne 3 ou 4) indique le jour:
   14 = **samedi**
   Je suis né(e) un samedi!

 **9** Répondez: 'C'est quoi, ta date de naissance?'

 **10** Écoutez et lisez le poème. Vrai ou faux pour vous?

Page perso

Je m'appelle François Charriet. J'ai 12 ans. Je suis né le 11 juillet.

Dans ma famille, il y a mon père, ma mère, mes sœurs, Hélène et Maud, et mon frère, Hervé, qui a 9 ans. J'ai un chien, qui s'appelle Hop, et un chat noir, qui s'appelle Merlin.

Je suis né au Québec. Je suis québécois. J'habite à Montréal. Ici, on parle français et un peu anglais. Moi, je ne parle pas bien anglais!

Mon passe-temps préféré, c'est le soccer (ça s'appelle football, en France). J'aime aussi jouer au hockey. Je n'aime pas du tout le ski.

Le message de François

 **11** **Reportage: notez**

- the boy's name
- his age
- his birthday
- who's in his family
- his pets
- his nationality
- the town and country where he lives
- what languages he speaks
- his favourite pastimes

 **12** **Écoutez.**

Workbook, p. 5

NEUF 9

Les aventures de Néo et Lili

 13 **Écoutez et regardez.**

 14 **Lisez.**

La dernière fois, Néo et Lili ont vu des dinosaures et des hommes préhistoriques.

À vous!

 **Faites un auto-portrait mystère! La classe devine qui c'est.**

Dessinez: votre famille, vos animaux, etc.

Me voilà! _____

Découpez et collez des photos: vos passe-temps, votre ville, etc. (Ne collez pas de photo de vous!)

Écrivez un texte. (Mais n'écrivez pas votre nom!)

Me voilà! J'ai 11 ans. Je mesure 1,35m.
Dans ma famille, il y a ma mère, mon père et mon chat, Zidane.
Je suis française. J'habite à Lyon, en France. J'adore Lyon.
Je parle français et un peu italien. J'aime bien jouer au tennis.

ONZE 11

Unité 2

Ma passion

 1 Écoutez et lisez.

 2 Reliez les activités de la chanson aux photos.

Je lis. Je nage.
Je joue au football.

Refrain
Et toi, qu'est-ce que tu fais?
Et toi, et toi, tu fais quoi?

J'écoute mes CD.
Je regarde la télé.
Refrain

Je fais du vélo.
Je fais du roller.
Refrain

Je joue à la PlayStation.
Je joue avec mon chien.
Refrain

Je collectionne les photos et les autographes.
Refrain

12 DOUZE

6

7

8

10

9

3 **Écoutez. Notez les numéros dans l'ordre.**

4 **Lancez un dé. Parlez.**

TREIZE 13

Qu'est-ce que tu veux faire?

- Tu veux <u>faire du roller</u> mercredi?
- Non! Mercredi, je voudrais <u>nager à la piscine</u>.
- Ah! Tu veux <u>regarder la télé</u> ce soir?
- Non! Ce soir, je voudrais <u>jouer à la PlayStation</u> avec ma sœur.
- Tu veux <u>écouter mes CD samedi</u>?
- Non! Samedi, je voudrais <u>faire du vélo</u>.
- Tu veux <u>jouer avec mon chien</u>?
- Non! Je voudrais <u>lire mon magazine</u>!
- GRRRRR!
- OK, OK! OUI! Je voudrais <u>jouer avec ton chien</u>!

 **5** Lisez et écoutez.

 **6** Répondez aux questions du prof.

 **7** Lisez le dialogue à deux.

En plus! Adaptez le dialogue.

Exemple: Tu veux <u>jouer au football</u> mercredi?
          Non! Mercredi, je voudrais <u>regarder la télé</u>.

14 QUATORZE

Moi, je voudrais être ...

a chanteur

b chanteuse

c acteur

d danseuse

e footballeur

f actrice

 8 **Écoutez**

Marie Ali Julie Luc Zoé Fabien

 9 **Et toi?**

QUINZE 15

Mon idole

Claire dit:

«Mon idole s'appelle Alizée.
Elle est chanteuse et danseuse.
Elle est française.
Elle est petite et elle est jolie.
Elle est brune.
Elle chante super bien. J'adore ses chansons. Pour moi, son meilleur CD, c'est 'Mes courants électriques'.
Elle aime le football. Elle est supporter du club de football Ajaccio.
Elle parle français, un peu italien et anglais.»

Alizée, c'est l'idole de Claire.

Bruno dit:

«Mon idole s'appelle Ricky Martin.
Il est chanteur et acteur.
Il est portoricain.
Il est grand et il est dynamique.
Il est brun.
Ma mère a tous ses CD. Pour moi, sa meilleure chanson, c'est 'Livin' la Vida Loca'.
Sa passion, c'est la musique mais il aime aussi le cinéma.
Il parle anglais et espagnol.»

Ricky Martin, c'est l'idole de Bruno.

 **10 Écoutez et lisez. C'est qui?**

- **a** française
- **b** jolie
- **c** chanteur
- **d** chanteuse
- **e** brun
- **f** brune
- **g** danseuse
- **h** acteur

  **11 Décrivez une idole.**

16 SEIZE

Page perso

Salut! Je m'appelle Mathilde Hazebrouck. J'ai 11 ans. Je suis grande et mince. Je suis belge. J'habite à Bruxelles, la capitale de la Belgique. Ici, en Belgique, on parle français et flamand.

Bruxelles est une grande ville importante. J'aime bien aller en ville: je fais du shopping ou je vais au cinéma.

J'aime lire les BD. La BD Tintin est belge, mais mon personnage de BD préféré est une fille. Elle s'appelle Yoko Tsuno. Elle est japonaise. Elle est très intelligente. Elle a des aventures dans l'espace.

Je collectionne les posters d'animaux. J'adore les animaux. Je voudrais être vétérinaire. Le mercredi, je nage à la piscine La Poséidon à Woluwé St-Lambert. Le week-end, j'aime faire du vélo dans le parc de Woluwé.

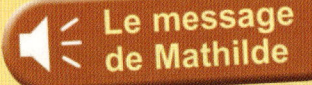 Le message de Mathilde

 **12** **Reportage: notez**

- the girl's name
- her age
- her nationality
- the town and country where she lives
- her hobbies
- the name of a Belgian cartoon character
- what she says about Yoko Tsuno

 **13** **Écoutez.**

Les aventures de Néo et Lili

 14   Écoutez et regardez.

 15   Lisez.

Dans le dernier épisode, Néo a vu des Gaulois et des soldats romains.

À vous!

   **Posez des questions. Complétez le poster.**

Nos idoles

(Pour toi, le meilleur chanteur, c'est qui?)

Le meilleur chanteur
_____

La meilleure chanteuse
_____

(Pour toi, le meilleur footballeur, c'est qui?)

(Pour toi, la meilleure chanteuse, c'est qui?)

Le meilleur groupe
_____

Le meilleur acteur
_____

(Pour toi, la meilleure émission de télé, c'est quoi?)

(Pour toi, le meilleur groupe, c'est quoi?)

La meilleure actrice
_____

Le meilleur footballeur
_____

(Pour toi, le meilleur film, c'est quoi?)

La meilleure émission de télé
_____

(Pour toi, le meilleur acteur, c'est qui?)

Le meilleur film
_____

(Pour toi, le meilleur livre, c'est quoi?)

Le meilleur livre
_____

(Pour toi, la meilleure actrice, c'est qui?)

Unité 2

DIX-NEUF 19

Star-idole

Écoutez et lisez.

1. C'est la grande finale de Star-idole. Qui va gagner: Julie ou Jasmine? Le public décide. Ce soir, le public vote.

2. Julie dit: «J'adore chanter. Je voudrais être chanteuse.» Jasmine n'est pas sympa: «Pff! Tu ne chantes pas bien. La star, c'est moi!»

3. Julie dit: «Salut! Je m'appelle Julie. J'habite à Vichy, en France. J'ai seize ans. J'adore la musique: j'aime chanter, danser et jouer de la guitare. Et je voudrais être star!»

4. Julie chante et joue de la guitare. Elle chante bien … super bien! Jasmine est très jalouse et – en secret – elle débranche la guitare de Julie.

---

ce soir – this evening   *jalouse* – jealous (f)   *débranche* – unplugs

Unités 1+2

La guitare de Julie ne marche pas. Le présentateur dit: «Oh, il y a un petit problème technique. Alors, maintenant, on écoute Jasmine.»

Jasmine dit: «Salut! Je m'appelle Jasmine. J'habite à Toulon, en France. J'ai dix-sept ans. Moi aussi, j'adore la musique. J'aime chanter et je voudrais être star!»

Jasmine chante sa chanson. À la fin, Julie dit: «Bravo, Jasmine! Tu chantes bien!» Jasmine n'est pas sympa: «Oui! Je chante super bien ... La star, c'est moi!»

Le présentateur annonce le résultat: «Le public a voté. Voici les résultats. Pour Jasmine, soixante mille voix ... et pour Julie, cent mille voix. Julie gagne! La star-idole, c'est Julie! Bravo, Julie!»

ne marche pas – doesn't work   *maintenant* – now

VINGT ET UN

Unité 3
Il fait beau

1 Paris

2 Troyes

3 Megève

8 Saint-Brieuc

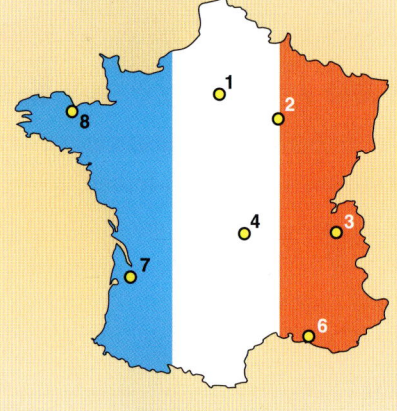

4 Clermont-Ferrand

7 Bordeaux

6 Marseille

5 Ajaccio

 **1** Écoutez et regardez.

 **2** Écoutez et parlez.

 **3** Lisez. C'est où?

- **a** Il fait beau.
- **b** Il fait chaud.
- **c** Il fait froid.
- **d** Il fait gris.
- **e** Il y a du soleil.
- **f** Il y a du vent.
- **g** Il pleut.
- **h** Il neige.

22 VINGT-DEUX

Workbook, p. 15

Je porte un jean et un t-shirt

Lucien   Aurélie

1 une chemise
2 un short
3 des baskets
4 un blouson
5 un sweat
6 un jean
10 un anorak
11 un pull
12 un pantalon
7 un t-shirt
8 une jupe
9 des chaussures

 4 **Écoutez et regardez.**

 5 **Lancez deux dés et parlez.**

A: Qu'est-ce que tu portes à l'école? 
B: 6 + 5 = 11. Je porte un jean (6), une chemise (1) et un blouson (4). (6 + 1 + 4 = 11)

En plus! Parlez.

A: Néo porte une chemise.
B: Néo porte une chemise et un pantalon, etc.

Workbook, p. 16   VINGT-TROIS 23

Si tu vas en voyage ...

Si tu vas en voyage
au printemps ou en été
quand tu fais tes bagages
n'oublie pas d'emporter:
ta petite chemise blanche
ton short rouge et ta robe bleue
ton maillot de bain violet
et tes lunettes de soleil!

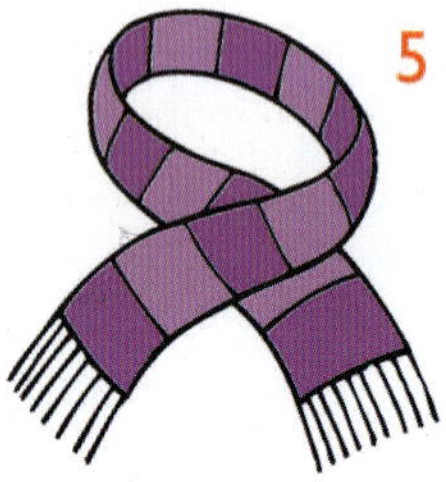

Si tu vas en voyage
en automne ou en hiver
quand tu fais tes bagages
n'oublie pas d'emporter:
ton anorak noir et vert
ton petit pantalon gris
ta grande écharpe violette
tes gants noirs et ton bonnet!

 **6   Écoutez. Trouvez les vêtements dans l'ordre.**

 **7   Jeu de mémoire!**

A: Si tu vas en voyage, n'oublie pas ton bonnet.

B: Si tu vas en voyage, n'oublie pas ton bonnet et ton écharpe.

A: Si tu vas en voyage, n'oublie pas ton bonnet, ton écharpe et ta robe, etc.

VINGT-QUATRE

Workbook, p. 17

Les aventures de Néo et Lili

 8 **Écoutez et regardez.**

 9 **Lisez.**

> La dernière fois, Néo et Lili ont vu Louis XIV.

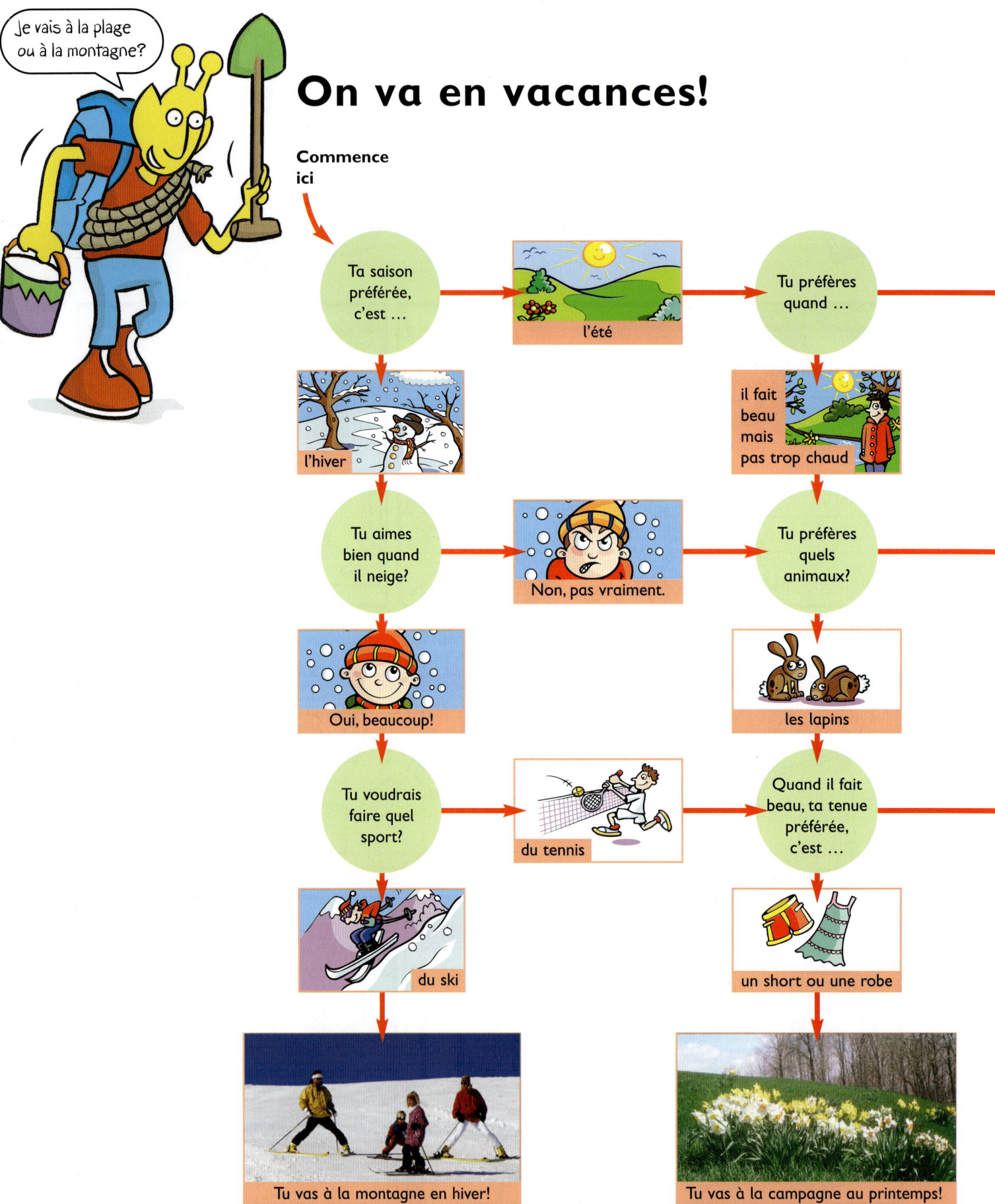

Unité 3

 **10** **Écoutez et lisez.**

 **11** **Faites le jeu-test à deux!**

A: Ta saison préférée, c'est l'hiver ou l'été?   **B**: Ma saison préférée, c'est l'été.

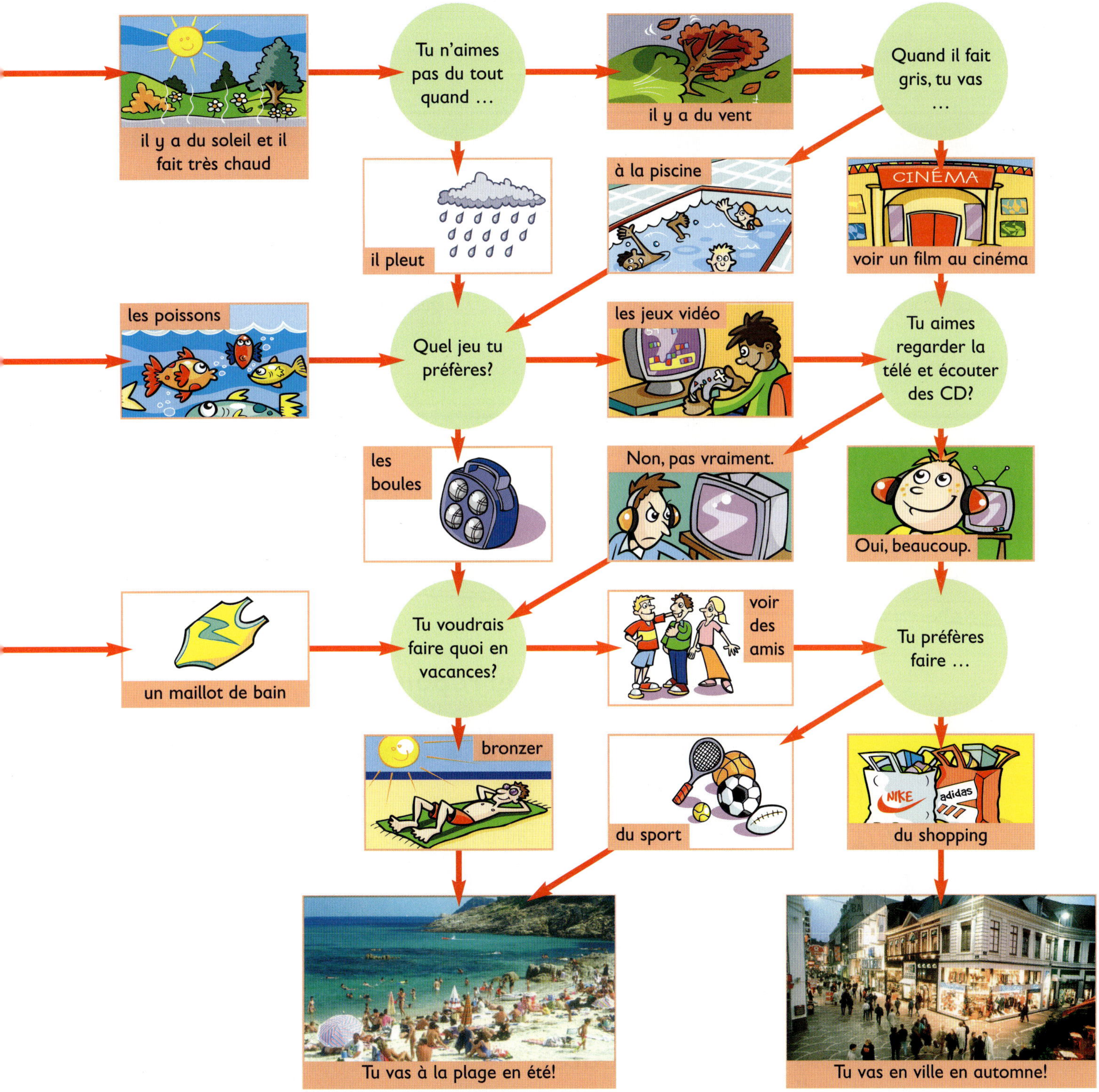

- il y a du soleil et il fait très chaud
- Tu n'aimes pas du tout quand …
- il y a du vent
- Quand il fait gris, tu vas …
- à la piscine
- voir un film au cinéma
- il pleut
- les poissons
- Quel jeu tu préfères?
- les jeux vidéo
- Tu aimes regarder la télé et écouter des CD?
- les boules
- Non, pas vraiment.
- Oui, beaucoup.
- un maillot de bain
- Tu voudrais faire quoi en vacances?
- voir des amis
- Tu préfères faire …
- bronzer
- du sport
- du shopping
- Tu vas à la plage en été!
- Tu vas en ville en automne!

VINGT-SEPT 27

Page perso

Je m'appelle Sam Topotio. J'ai 12 ans.

J'habite en Nouvelle-Calédonie, à Nouméa. C'est la capitale. J'habite en ville. J'aime bien. À l'école, je parle français. Avec ma famille, on parle une langue mélanésienne.

En Nouvelle-Calédonie, il fait toujours beau. Il pleut un peu en juillet (c'est l'hiver ici!) mais il ne fait pas froid. De novembre à avril, c'est l'été: il y a du soleil et il fait chaud.

Moi, à l'école, je porte un jean ou un short, un t-shirt et des baskets! Ma tenue préférée, c'est mon maillot de bain!

Mon passe-temps préféré, c'est nager. Je vais à la plage de l'Anse Vata. C'est la meilleure plage de Nouméa. Moi, je voudrais être prof de sport.

Quand il n'y a pas d'école, je vais en vacances à la campagne, chez ma grand-mère.

Le message de Sam

 **Reportage: répondez**

- Sam habite où?
- Quel temps il fait en Nouvelle-Calédonie?
- Qu'est-ce que Sam porte?
- Qu'est-ce qu'il aime faire?
- Qu'est-ce qu'il voudrait faire?
- Il va où en vacances?

 **Écoutez.**

À vous!

14 **Inventez une tenue idéale pour l'école. Trouvez des idées en groupes.**
- Dessinez ou collez des photos.
- Écrivez une description.

15 **Présentez la tenue à la classe.**

une casquette

un t-shirt

un pantalon

des baskets

La tenue idéale pour l'école, c'est un grand t-shirt noir avec le nom de l'école. Avec ça, on porte un pantalon avec des poches pour les feutres, la gomme, la règle, les crayons et les livres. On porte des baskets. En été, on porte une casquette cool quand il fait chaud!

VINGT-NEUF 29

Unité 4
Par ici

a

Il est **sur** un crocodile.

b

Il est **sous** un éléphant.

Où est Néo?

c

Il est **devant** un gorille.

d

Il est **derrière** un lion.

 1 Écoutez et lisez. C'est quel dessin?

 2 Posez des questions.
   A: Où est Néo?   B: Il est devant un gorille.
   A: Dessin c.   B: Oui!

 3 **Où est Lili? Écoutez. Notez les numéros dans l'ordre.**

 4 **Lancez un dé. Parlez.**

Exemple: 2 = Lili est sous un lion.

En ville

 5 **Reliez les photos aux bulles.**

 6 **Écoutez pour vérifier.**

1

2

3

4

5

6

7

8

9

10

32 TRENTE-DEUX

Workbook, p. 21

 Unité 4

a Je vais au restaurant.
b Je vais au zoo.
c Je vais au jardin public. 
d Je vais au cinéma.
e Je vais au marché.
f Je vais aux halles.
g Je vais à la gare.
h Je vais à la poste.
j Je vais à la piscine.
i Je vais à la plage.

 **7** **A** choisit 3 endroits.
B devine les endroits.

B: Tu vas à la poste?   **A**: Non.
B: Tu vas au jardin public?   **A**: Oui!

En plus! Jeu de mémoire!

A: Je vais à la gare.
B: Je vais à la gare et je vais au cinéma.
C: Je vais à la gare, je vais au cinéma et je vais aux halles, etc.

Moi, je vais à la piscine!

Workbook, p. 23

TRENTE-TROIS 33

La chasse au trésor

→ = à droite
← = à gauche
↑ = tout droit

 **8a** Où est le trésor? Écoutez et lisez les instructions. Suivez sur la carte.

Commencez à la gare. Allez tout droit.
À la poste, tournez à droite.
À la plage, allez tout droit jusqu'au restaurant.
Au restaurant, tournez à gauche.
Passez devant le marché et continuez jusqu'à la piscine.
Allez tout droit jusqu'aux halles.
Tournez à droite.
Le trésor est derrière un grand arbre.

 **8b** Écrivez les lettres de la carte dans l'ordre: c'est quoi, le trésor?

 **9** Ces trois pirates ont aussi caché des trésors. Où? Écoutez les instructions. Suivez sur la carte.

a Barbebleue   **b** Barberouge   **c** Barbeverte

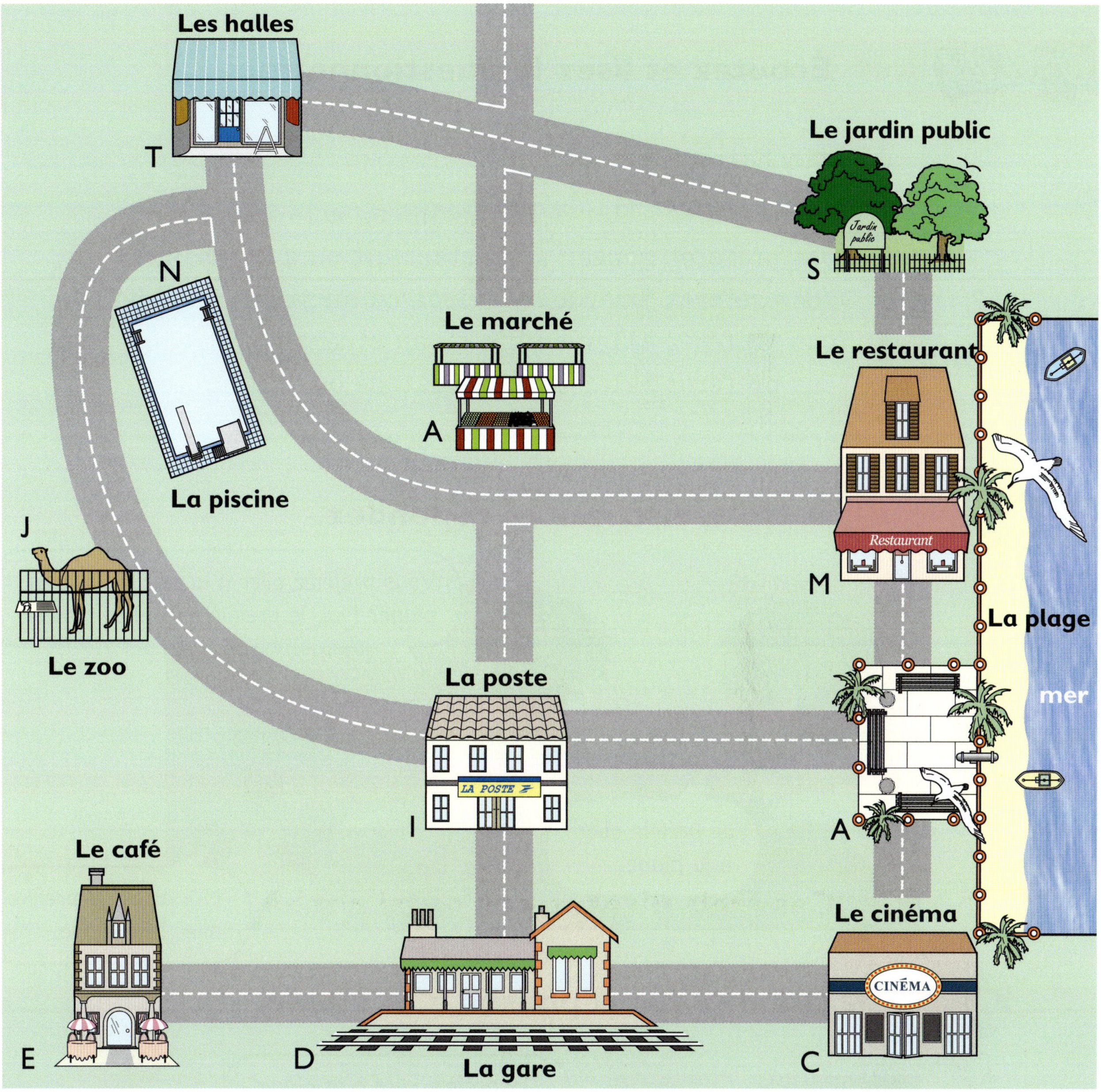

10 **A demande le chemin. B donne des instructions.**

A: Pour aller au zoo, s'il vous plaît?

B: Allez tout droit et tournez à gauche à la poste.

11 **Cachez votre trésor. Donnez des instructions à votre partenaire.**

Workbook, p. 24

TRENTE-CINQ 35

Qu'est-ce que vous préférez?

 **12a** Écoutez et lisez le questionnaire.

> Questionnaire
>
> 1. Vous préférez aller à la piscine ou à la plage?
> 2. Vous préférez manger au restaurant ou à la maison?
> 3. Vous préférez jouer à la maison ou au jardin public?
> 4. Vous préférez aller au zoo ou au cinéma?
> 5. Vous préférez aller au supermarché ou aux halles?

 12b À trois, discutez et répondez.

Vous préférez aller à la piscine ou à la plage? Moi, je préfère aller à la piscine.

Je préfère aller à la plage.

Moi aussi, je préfère aller à la plage.

 12c Donnez vos réponses à la classe.

On préfère aller à la plage.

36 TRENTE-SIX

Page perso

Unité 4

Bienvenue sur mon site web! Je m'appelle Rose-Claire Labat. J'ai 11 ans et j'habite aux Antilles, sur une île tropicale française: la Martinique. Ma ville, c'est Fort-de-France, la capitale. Je parle français et créole.

Le week-end, je vais à la plage des Salines ou au parc floral avec mes parents. J'aime bien aussi aller en ville. On va au marché et dans les grands magasins. J'adore faire du shopping!

Le marché est devant la gare. Au marché, ma mère achète des fruits. J'aime beaucoup les bananes, les ananas, les mangues et les fruits de la passion. Au marché, j'achète un sinobol (le nom vient du mot anglais snowball): c'est de la glace pilée avec du sirop. C'est délicieux.

Mon passe-temps préféré, c'est aller au cinéma. J'adore les films de Walt Disney.

Le message de Rose-Claire

13 Reportage: répondez

- Comment s'appelle la ville de Rose-Claire?
- Elle parle quelles langues?
- Qu'est-ce qu'elle fait le week-end?
- Elle aime quels fruits?
- Qu'est-ce qu'elle boit au marché?
- C'est quoi, son passe-temps préféré?

14 Écoutez.

Workbook, p. 26

Les aventures de Néo et Lili

15 **Écoutez et regardez.**

16 **Lisez.**

La dernière fois, Néo et Lili ont vu la Révolution française à Paris.

1 Il fait beau. On est où? À la campagne?

2 Oui, mais c'est un champ ... de bataille!!!

3 Soldats! Attaquez les ennemis devant vous!!

4 Oh! C'est Napoléon! On est à la bataille d'Austerlitz! ... Vite, il faut partir!

5 À droite, non à gauche ... Non, non, tout droit! Oh! Plus haut, plus haut!

6 Un moment ... Je fais une photo.

7 Une photo de Napoléon! Méga cool! Bravo, Néo!

38 TRENTE-HUIT

Workbook, p. 27

À vous!

Unité 4

17 Préparez une brochure touristique pour votre ville. Trouvez des idées en groupes. Écrivez une liste.

Utilisez un dictionnaire.
castle = *un château*, etc.

2 cinémas (High Street et St John's Street)
un restaurant chinois (High Street)
un McDonald (North Street)
un jardin public (King Street)
une piscine (Queen Street)

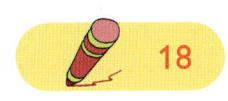

18 Faites un plan de la ville. Dessinez ou collez des photos.

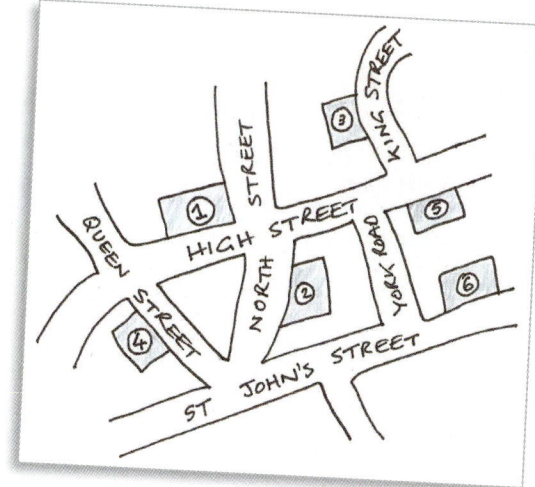

19 Écrivez la légende.

1 = le marché
2 = la poste, etc.

TRENTE-NEUF 39

Le corbeau et le renard

le corbeau

le renard

Écoutez et lisez.

En automne, le renard va en ville. Il fait gris et il y a du vent. Il porte un grand pull noir.

Il va au jardin public. Sur un arbre, il y a un corbeau. Le corbeau porte un petit pull blanc. Dans son bec, le corbeau a un fromage. Le renard aime beaucoup le fromage.

Le renard parle au corbeau: «Bonjour, Monsieur Corbeau. J'aime beaucoup le fromage. Donnez-moi le fromage!»

Mais le corbeau fait non de la tête et il s'envole.

En hiver, le renard va à la montagne. Il fait froid et il neige. Il porte un grand anorak rouge et un bonnet bleu.

Il va dans une forêt. Sur un arbre, il y a le corbeau. Le corbeau porte un petit anorak jaune et un bonnet orange. Dans son bec, le corbeau a un fromage. Le renard aime beaucoup le fromage.

Il parle au corbeau: «Bonjour, Monsieur Corbeau. J'ai faim. Donnez-moi le fromage, S'IL VOUS PLAÎT!»

Mais le corbeau fait non de la tête et il s'envole.

Unités 3+4

Au printemps, le renard va à la campagne. Il fait beau. Il porte une grande chemise verte et blanche et des baskets blanches.

Il va dans un champ. Sur un arbre, il y a le corbeau. Le corbeau porte une petite chemise rose et des baskets marron. Dans son bec, le corbeau a un fromage. Le renard aime beaucoup le fromage.

Il menace le corbeau: «Bonjour, Monsieur Corbeau. Écoutez-moi bien. Donnez-moi le fromage ou je vous mange!»

Mais le corbeau fait non de la tête et il s'envole.

En été, le renard va à la mer. Il y a du soleil et il fait très chaud. Il porte un grand maillot bleu, blanc, rouge.

Il va à la plage. Sur un arbre, il y a le corbeau. Le corbeau porte un petit maillot jaune. Dans son bec, le corbeau a un fromage. Le renard aime beaucoup le fromage.

Il parle gentiment au corbeau: «Bonjour, Monsieur Corbeau. Vous êtes très élégant. Votre maillot jaune est très, très beau. C'est très joli avec vos plumes noires!»

Le corbeau est flatté. Le renard continue: «Vous chantez bien aussi, j'imagine! Chantez une petite chanson!» Très flatté, le corbeau ouvre son bec pour chanter et … le fromage tombe! Vite, le renard mange le fromage … et cette fois, le corbeau a faim!

FIN

Unité 5

À table!

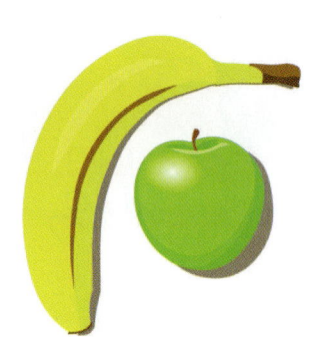

1 un fruit

2 un biscuit

3 un croissant

4 une glace

LE GOÛTER

5 un yaourt

6 des céréales

7 des chips

8 des bonbons

1. Écoutez et notez les numéros.

2. Écrivez votre hit-parade.

3. Devinez les 3 choses préférées de votre partenaire.

A: Numéro 1. Tu veux un fruit?
B: Oh oui, s'il te plaît. / Non, merci.

Unité 5

À la cantine

4 Qui dit ça?

a) Oh non! Je n'aime pas les carottes râpées, la viande, les frites et la glace.

b) Moi, j'aime bien la pizza et les spaghetti.

c) Miam miam! Moi, j'adore la salade verte, le poisson, les légumes et le fromage blanc. Super!

d) Beurk! Je déteste le pâté!

LUNDI	MARDI	JEUDI	VENDREDI
pâté	carottes râpées	salade verte	pizza
viande	viande	poisson	spaghetti à la bolognaise
légumes	frites	légumes	yaourt
fruits	glace	fromage blanc	

5 Lisez le menu et écoutez. C'est quel jour?

6 Et toi, qu'est-ce que tu aimes? Discutez à deux.

Workbook, p. 30

Les gourmands

7 Écoutez et lisez.

Qui a mangé du chocolat?
– Moi, je n'ai pas mangé de chocolat, c'est le chat!

Qui a mangé des biscuits?
– Moi, je n'ai pas mangé de biscuits, c'est la souris!

Qui a mangé de la glace?
– Moi, je n'ai pas mangé de glace, c'est la limace!

Et qui a mal à l'estomac?
– Euh … c'est moi!

En plus! Inventez des rimes.

Qui a mangé des bonbons?
– Moi, je n'ai pas mangé de bonbons, c'est le … !

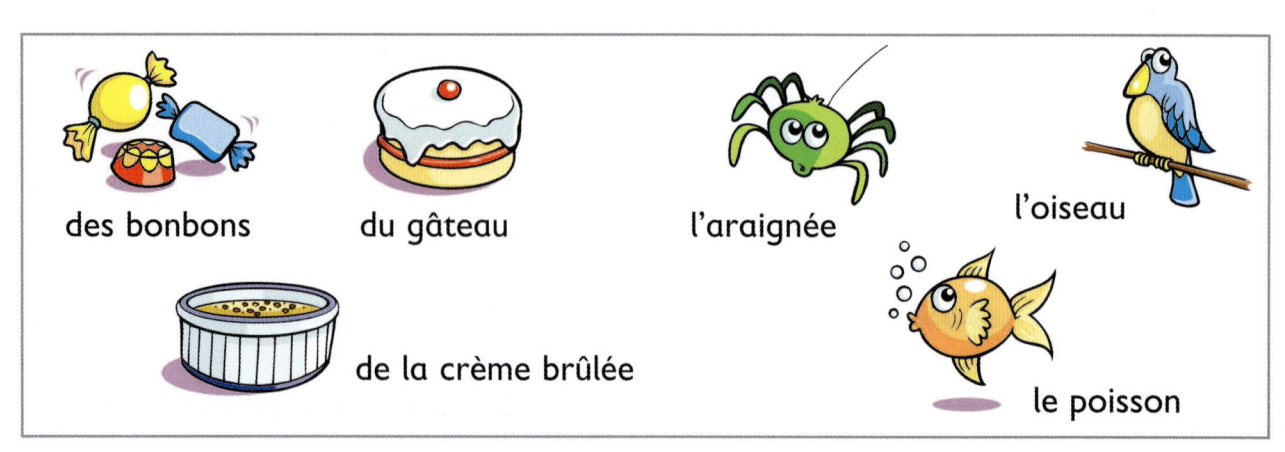

des bonbons   du gâteau   l'araignée   l'oiseau

de la crème brûlée   le poisson

Qu'est-ce qu'ils mangent?

1 Le matin,
a tu ne manges pas beaucoup.
b tu manges bien.

2 Le midi, tu manges
a une entrée, un plat et un dessert.
b une entrée et un plat ou un plat et un dessert.

3 Le soir,
a tu ne manges pas de yaourts.
b tu manges des yaourts.

4 Le week-end, tu préfères
a un sandwich ou une pizza.
b une salade.

5 Tu préfères manger
a de la viande.
b du poisson.

6 Avec le plat principal, tu préfères
a les pâtes, le riz ou les frites.
b les légumes.

7 Pour le dessert, tu préfères
a un gâteau.
b un fruit.

8 Tu manges quelque chose
a parce que c'est bon et tu aimes ça!
b parce que c'est bon pour la santé.

Réponses **a** = réponses typiques des garçons
Réponses **b** = réponses typiques des filles

8 Écoutez et lisez.

9 Choisissez la réponse 'a' ou 'b'.

10 Posez les questions à un/une partenaire.

Workbook, p. 33

QUARANTE-CINQ 45

Les aventures de Néo et Lili

11 Écoutez et regardez.

12 Lisez.

La dernière fois, Néo et Lili ont vu Napoléon.

1 Oh non! C'est la guerre de 39-45! ... Ah! Des rats! Ah! Je déteste les rats!
Hmmm ... Moi, j'ai faim.

2 ÉPICERIE
Je voudrais des sandwichs, s'il vous plaît.
Tu as une carte de rationnement?

3 Euh, non!
Alors, désolé. Il n'y a pas de pain, pas de viande, pas de fromage ...

4 Moi, j'aime bien les légumes.
Désolé, il n'y a pas de légumes, pas de fruits ...

5 Alors, les Français mangent quoi en 39-45?

6 Ah ah! J'ai une idée ...
Ah! Un rat! Quelle horreur!! Vite, on part!

46 QUARANTE-SIX

Workbook, p. 34

Une glace à la vanille!

1

a une glace à la vanille
b une glace à la fraise

2

a une crêpe au chocolat
b une crêpe au citron

3

a un sandwich au jambon
b un sandwich au fromage

4

a une pizza aux champignons
b une pizza aux fruits de mer

13 Écoutez. C'est quelle photo?

14 Lisez. C'est 'a' ou 'b'? Écoutez.

15 Parlez.

A: Qu'est-ce que tu veux?
B: Une glace à la vanille!

Bon appétit!

Menu

1 un sandwich

2 une pizza

3 une omelette

4 une crêpe

5 une glace

6 un gâteau

Unité 5

Au choix!

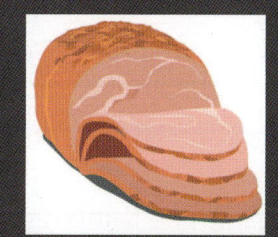

1. le jambon
2. les champignons 
3. les fruits de mer 
4. la vanille 
5. le chocolat 
6. la fraise 

16 Jouez!

A: (lance un dé: 5) Tu veux une glace (lance un dé: 2) aux champignons?

B: Une glace aux champignons? Beurk! Non, merci! (lance un dé: 1) Tu veux un sandwich (lance un dé: 5) au chocolat?

A: Un sandwich au chocolat, miam miam! Oui, s'il te plaît! J'adore le chocolat.

J'adore la glace à la vanille des Antilles!

à + le = au
à + la = à la
à + l' = à l'
à + les = aux

QUARANTE-NEUF 49

Page perso

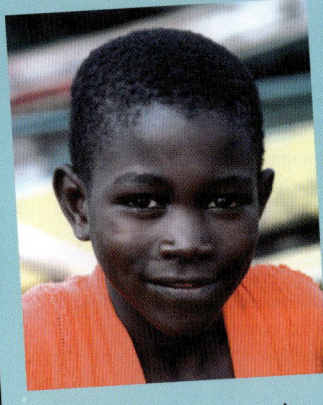

Adresse: http://www.antoine.sn

Je m'appelle Antoine Diouf. J'ai 10 ans et demi. Je suis né le 28 avril. Je suis sénégalais. J'habite à Dakar, la capitale du Sénégal. Je parle français et wolof. J'ai trois grands frères et une petite sœur, qui a 8 ans.

J'aime bien Dakar. Le samedi, je vais au marché Sandaga avec mon père. Le dimanche, je vais nager à la plage des Enfants.

Mes parents travaillent dans un hôtel-restaurant en ville. Ils aiment bien faire la cuisine. Moi aussi, mon passe-temps préféré, c'est faire à manger. Je voudrais être chef dans un restaurant!

Je ne mange pas de viande parce que je suis végétarien et je déteste la salade. Mon plat préféré, c'est le tiéboudienne, la spécialité du Sénégal. C'est du riz avec une sauce au poisson et aux légumes. Mmmm! J'adore ça!

J'aime bien faire la glace à la banane. C'est ma spécialité. C'est super bon quand il fait très chaud!

🔊 Le message d'Antoine

17 Reportage: répondez

- Il y a qui dans la famille d'Antoine?
- Il fait quoi le week-end?
- C'est quoi, son passe-temps préféré?
- Il voudrait faire quoi?
- C'est quoi, son plat préféré?
- Qu'est-ce qu'il aime faire?

18 Écoutez.

Workbook, p. 35

À vous!

19 **Inventez un menu-santé.**

- Trouvez des idées en groupes.
- Écrivez le menu.
- Dessinez ou collez des photos.

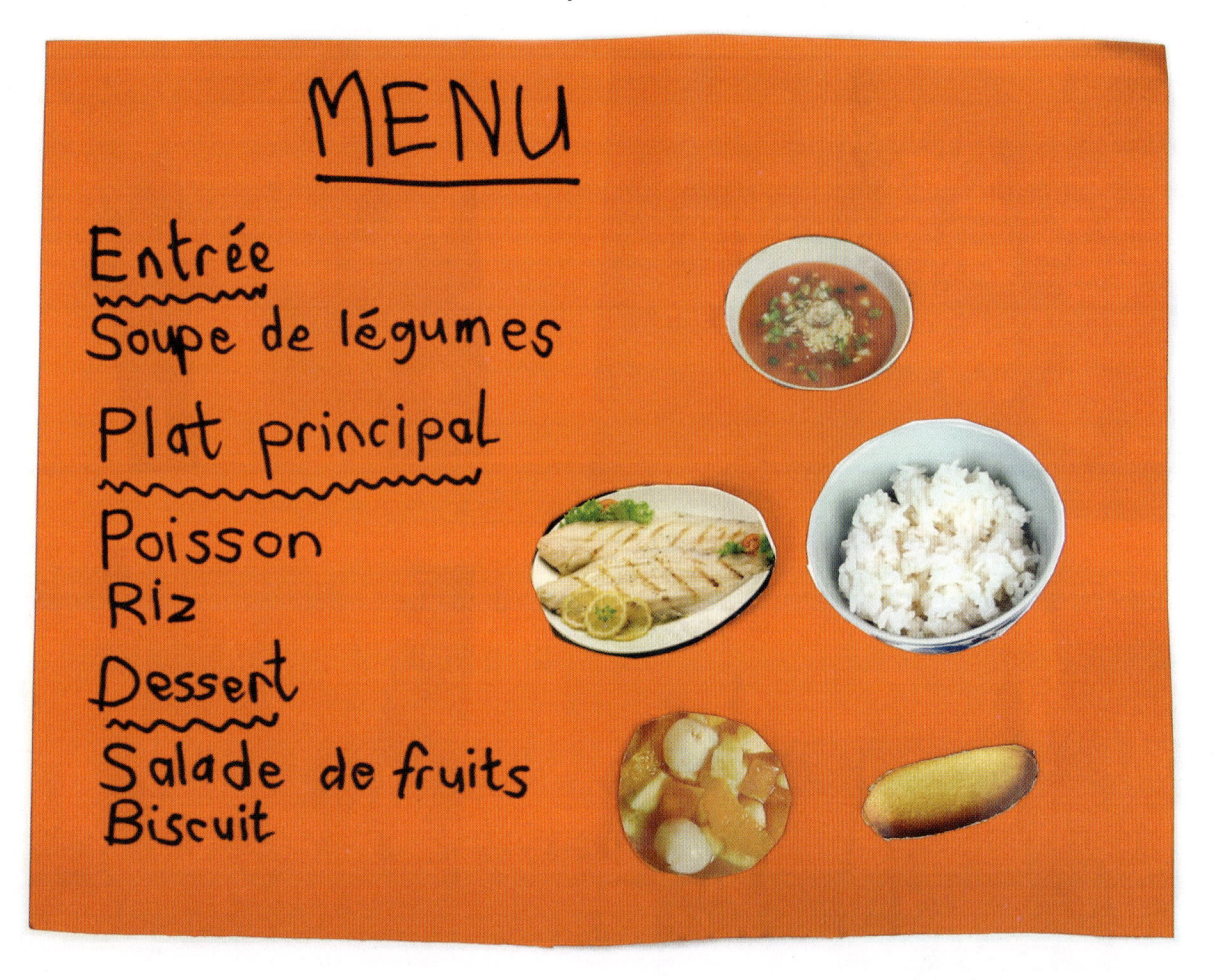

MENU

Entrée
Soupe de légumes

Plat principal
Poisson
Riz

Dessert
Salade de fruits
Biscuit

20 **Présentez le menu à la classe.**

> Voici le menu. L'entrée, c'est une soupe de légumes. C'est très bon pour la santé.
> Le plat principal, c'est du poisson et du riz. Le poisson, c'est bien quand on n'aime pas la viande.
> Le dessert, c'est de la salade de fruits avec un biscuit. Il faut manger des fruits, et le biscuit, c'est bon ... pour les gourmands!

Unité 6

S'il vous plaît

1 Écoutez le rap. Notez les numéros dans l'ordre.

Unité 6

2   Écoutez et lisez. Reliez les jeunes aux magasins.

Exemple: **1 – d**

a

Je vais à la librairie.

b

Je vais au supermarché.

c

Je vais à la boulangerie.

d

Je vais à la boutique de souvenirs.

e

Je vais au magasin de sport.

3   Lancez un dé. Parlez.

Exemple: 2 = Je vais au supermarché.

Workbook, p. 38

CINQUANTE-TROIS 53

Photos-mystère

4a Choisissez 'a' ou 'b'.

1
a J'ai acheté un ballon.
b J'ai acheté une glace.

2
a J'ai acheté un CD.
b J'ai acheté une carte postale.

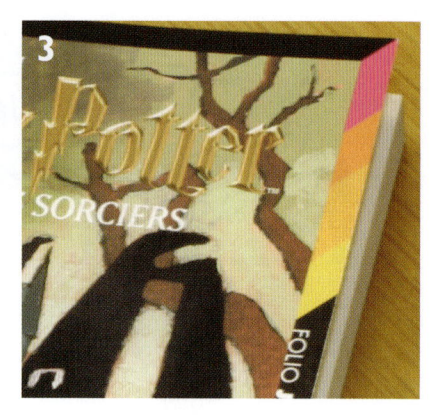

3
a J'ai acheté un magazine.
b J'ai acheté un livre.

4
a J'ai acheté un croissant.
b J'ai acheté une baguette.

5
a J'ai acheté un appareil-photo.
b J'ai acheté un cerf-volant.

6
a J'ai acheté des bonbons.
b J'ai acheté des pommes.

4b Écoutez pour vérifier.

5 A choisit 3 objets pour son magasin, B devine.

Exemple:

B: Est-ce que vous avez une carte postale?

A: Oui, j'ai une carte postale. / Non, je n'ai pas de carte postale.

54 CINQUANTE-QUATRE   Workbook, p. 39

Unité 6

Combien d'euros?

6 Écoutez et indiquez la somme.

COMMENCEZ

1€ 5€ 8€ 10€ 12€ 15€ 20€ 23€ 25€ 30€ 31€ 40€ 44€ 49€ 50€ 52€ 56€ 58€ 60€ 63€ 66€ 70€ 75€ 80€ 97€ 100€ ARRIVÉE

7 Jouez: lancez le dé et dites la somme!

CINQUANTE-CINQ 55

La boutique de souvenirs

Comète F.C.
achetez vos souvenirs ici

cartes postales 1€
magazines 4€
livres 6€
shorts 14€
sweats 30€
t-shirts 16€
ballons 8€

8 Écoutez. Notez les souvenirs que Marc, Zoé et Jojo voudraient acheter.

9 Vous avez 60€. Vous achetez quoi?

Exemple: Je voudrais trois cartes postales, un t-shirt …

10 Inventez des conversations: demandez les prix à votre partenaire.

Exemple:
A: C'est combien, la carte postale?
B: (Une carte postale coûte) un euro.
A: Je voudrais trois cartes postales, s'il vous plaît.
B: (C'est tout?) Ça fait trois euros.

En plus! Écrivez une brochure.

Offre spéciale: réduction de 50% sur tout!

Maintenant, un ballon coûte 4 euros.

Unité 6

Au marché

11a Remettez les bulles dans l'ordre et écrivez la conversation.

- Bonjour, madame. Vous désirez?
- Oui, il y a des oranges ... trois euros le kilo.
- Oui, c'est tout. Ça fait combien?
- Des bananes ... voilà.
- Alors, trois oranges, s'il vous plaît.
- Merci. Et vous avez des oranges?
- Trois euros et deux euros ... ça fait cinq euros.
- Je voudrais des bananes, s'il vous plaît.
- Voilà, les oranges sont belles! C'est tout?

11b Écoutez pour vérifier.

12 Lisez la conversation avec un/une partenaire.

Ça fait combien?

Workbook, p. 42

CINQUANTE-SEPT 57

Dansons la capucine

13 Écoutez et lisez la chanson.

1
Dansons la capucine
Il n'y a pas de **pain** chez nous.
Il y en a chez la voisine,
Mais ce n'est pas pour nous!
You!!!

2
Il n'y a pas de **chips**.

3
Il n'y a pas de **glaces**.

4
Dansons la capucine
Il y a du plaisir chez nous.
On pleure chez la voisine –
On rit toujours chez nous!
You!!!

14 **Chantez!**

15 **Inventez d'autres couplets.**

Exemple: Il n' y a pas de **pommes** chez nous.

Page perso

Unité 6

---

http://www.khadija.ma

Salut! Je m'appelle Khadija. J'ai 11 ans et demi et je suis marocaine. Je parle arabe et français.

Mon frère et moi, on habite chez ma grand-mère. Ma mère est morte et mon père est en France. Il travaille dans un restaurant marocain à Paris.

Mon pays, le Maroc, est en Afrique du Nord. J'habite à Salé, près de Rabat, la capitale. J'habite dans le centre-ville, près du marché aux fleurs. Salé est un port important du Maroc. C'est super d'habiter au bord de la mer. J'aime bien aller à la plage parce que j'adore nager.

J'aime aussi aller dans la Médina, faire du shopping. Là, on achète de tout: des objets en cuir, des tapis, des tam-tams, des fruits, des jouets, des têtes et des pattes de mouton, du poisson …

J'ai beaucoup de passe-temps: la musique, les animaux, les voyages, collectionner les cartes postales, la télé et le sport. J'aime aussi faire à manger. J'aide ma grand-mère à la cuisine: on fait du couscous et du tajine. C'est bon!

Le message de Khadija

---

16 Reportage: répondez

- Comment s'appellent la ville et le pays de Khadija?
- Elle parle quelles langues?
- Elle habite où? Avec qui?
- Quels sont ses passe-temps préférés?
- Comment est-ce qu'elle aide à la maison?

17 Écoutez.

Workbook, p. 43

CINQUANTE-NEUF 59

Les aventures de Néo et Lili

18 Écoutez et regardez.

19 Lisez.

La dernière fois, Néo et Lili étaient en France pendant la deuxième guerre mondiale.

1 Regarde, Lili! C'est ta maison.
Oui! Nous sommes dans le présent! Ouf!

2 On fait du shopping? Je voudrais acheter des souvenirs.
D'accord!

3 Le rayon des souvenirs est au quatrième étage.

4 J'ai une idée! Vous avez des cerf-volants, s'il vous plaît?
Oui, monsieur. Voilà.

5 Le grand cerf-volant rouge, c'est combien?
15 euros.

6 Excellent! Je le prends!

7 Je rentre chez moi! Au revoir, Lili!
Au revoir, Néo! Bon voyage!

Unité 6

À vous!

20 Shopping à la française. Préparez …

- des enseignes

Supermarché

Boulangerie

boutique de souvenirs

- des articles

- une liste de courses

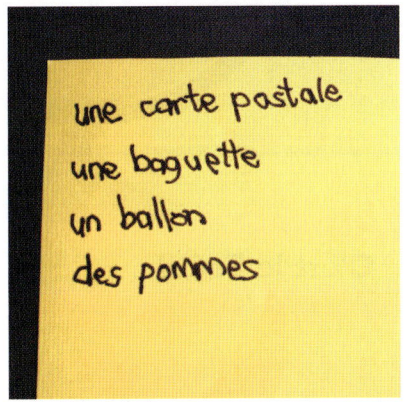

une carte postale
une baguette
un ballon
des pommes

21 Faites vos courses.

Bonjour, mademoiselle. Vous désirez?

Je voudrais un ballon, s'il vous plaît. Vous avez des ballons?

Le petit ballon rouge coûte combien?

C'est trois euros.

SOIXANTE ET UN 61

Le carnaval des pays

1 **Écoutez et lisez.**

1 Comment s'appelle le pays?

C'est le Brésil.

2 On parle quelle(s) langue(s)?

hello
salut
ciao
oi
Tschüss

On parle portugais.

3 De quelle(s) couleur(s) est le drapeau?

Le drapeau est vert avec un losange jaune et un cercle bleu.

4 Qu'est-ce qu'on mange? Qu'est-ce qu'on boit?

On mange des oranges et des bananes. On boit du café.

Unités 5+6

5 Qu'est-ce qu'on porte?

Pour le Carnaval, on porte un costume coloré et un chapeau à plumes.

6 Quels sont les passe-temps préférés?

Les Brésiliens aiment jouer au football et regarder les matchs à la télé.

7 Quels sont les festivals importants?

Il y a le Carnaval de Rio en février. On chante, on danse, on fait de la musique. C'est génial!

8 Quel temps il fait?

Il fait très chaud (c'est près de l'Équateur). Il pleut très souvent.

2 **En groupes, choisissez un pays. Répondez aux questions en rouge.**

3 **Présentez le pays.**

le Cameroun?
la Chine?
la France?
le Pakistan?
la Suisse?

SOIXANTE-TROIS 63

OXFORD
UNIVERSITY PRESS

Great Clarendon Street, Oxford OX2 6DP

Oxford University Press is a department of the University of Oxford.
It furthers the University's objective of excellence in research,
scholarship, and education by publishing worldwide in

Oxford New York

Auckland   Cape Town   Dar es Salaam   Hong Kong   Karachi
Kuala Lumpur   Madrid   Melbourne   Mexico City   Nairobi
New Delhi   Shanghai   Taipei   Toronto

With offices in

Argentina   Austria   Brazil   Chile   Czech Republic   France   Greece
Guatemala   Hungary   Italy   Japan   Poland   Portugal   Singapore
South Korea   Switzerland   Thailand   Turkey   Ukraine   Vietnam

Oxford is a registered trade mark of Oxford University Press
in the UK and in certain other countries

© Danièle Bourdais and Sue Finnie 2004

The moral rights of the author have been asserted

Database right Oxford University Press (maker)

First published 2004

All rights reserved. No part of this publication may be reproduced,
stored in a retrieval system, or transmitted, in any form or by any means,
without the prior permission in writing of Oxford University Press, or as
expressly permitted by law, or under terms agreed with the appropriate
reprographics rights organization. Enquiries concerning reproduction
outside the scope of the above should be sent to the Rights Department,
Oxford University Press, at the address above

You must not circulate this book in any other binding or cover
and you must impose this same condition on any acquirer

British Library Cataloguing in Publication Data

Data available

ISBN-13: 978-0-19-912413-8
ISBN-10: 0-19-912413-2

10 9 8 7 6 5

Printed in Singapore by KHL Printing Co Pte Ltd

Acknowledgements

The publishers would like to thank the following for their permission to reproduce photographs:

p5cl Vince Streano/Corbis UK Ltd; p5l Bernard and Catherine Desjeux/Corbis UK Ltd; p5cr Peter Johnson/Corbis UK Ltd; p5r Dave G. Houser/Corbis UK Ltd; p9l Pictor International/ImageState/Alamy; p9r Richard Klune/Corbis UK Ltd; p11t Joe McBride/Corbis UK Ltd; p11b Chris Hellier/Corbis UK Ltd; p12cl Duomo/Corbis UK Ltd; p12bl John Powell Photographer/Alamy; p12cr Norbert Schaefer/Corbis UK Ltd; p12br Jose Luis Pelaez, Inc./Corbis UK Ltd; p13tl Martyn F. Chillmaid; p13cl Angela Wood/Corbis UK Ltd; p13tr C/B Productions/Corbis UK Ltd; p13cr Colin McPherson/Sygma/Corbis UK Ltd; p13b Malcolm Case-Green/Alamy; p16tl Eris/Fouyger/Sygma /Corbis UK Ltd; p16bl Ethan Miller/Corbis UK Ltd; p17l Gary Parker/Photofusion Picture Library/Alamy; p17r Robert Holmes/Corbis UK Ltd; p27r Directphoto.org/Alamy; p28l Sarkis Images/Alamy; p28r Katz Pictures; p12 10 Simon Isabelle/Sipa/Rex Features; p12-4 Yves Forestier/Sygma/Corbis UK Ltd; p12-5 Bo Zaunders/Corbis UK Ltd; p12-6 John Van Hasselt/Corbis/Corbis UK Ltd; p12-9 Dave Bartruff/Corbis UK Ltd; p13 Oxford University Press; p17l Bob Krist/Corbis UK Ltd; p17r Frilet/ Sipa/Rex Features; p43l Michael Prince/Corbis UK Ltd; p43l pipershots.com/Alamy; p43cr Ariel Skelley/Corbis UK Ltd; p43r Laureen March/Corbis UK Ltd; p47br Oceania News and Features/Anthony Blake Photo Library; p50l Owen Franken/Corbis UK Ltd; p50r Wolfgang Kaehler/Corbis UK Ltd; p52tl Paul Seheult; Eye Ubiquitous/Corbis UK Ltd; p52cl Gail Mooney/Corbis UK Ltd; p52tr Meigneux/Sipa/Rex Features; p52cr Andre Jenny/Alamy; p52b Martyn F. Chillmaid; p53tl Martyn F. Chillmaid; p53bl Tom & Dee Ann McCarthy/Corbis UK Ltd; p53tr Directphoto.org/Alamy; p53br Noel Yates/Alamy; p53c Janine Wiedel Photolibrary/Alamy; p57 Michael Juno/Alamy; p59l Martin Paquin/Alamy; p59r Katz Pictures; p63tl Sue Cunningham/Alamy; p63bl Ricardo Azoury/Corbis UK Ltd; p63tr Mario Castillo/Jam Media/Empics; p63br Galen Rowell/Corbis UK Ltd.

Artwork is by Martin Aston, Barking Dog Art, Kessia Beverley Smith, Alice Gregory, Emma Gregory, John Hallett, Kevin Hopgood, Andy Robb, Mark Ruffle, Anthony Rule and Kate Sheppard.

Cover artwork is by Andy Robb and Stefan Chabluk.

The listening material was edited and produced by Véronique Bussolin/Éditions Multicolores at recording studio ANATOLE – LYON.

Sound technician: Christophe Arnaud

Sound engineer: Thierry Cottin- Bizonne

Songs composed and arranged by Jean- Michel Borne,
Pierre Jouishomme

Singers: Jean-Michel Borne, Pierre Jouishomme, Pénélope Borne, Alphée et Nathan Jouishomme, Oscar Buenafuente, Sandra Vandroux

Actors: Benoît Nicod, Sacha Adam, Marine Lecordier,
Sarah Lecordier, Damien Laquet, Valérie Gil

The authors would like to thank the following for their help and advice: Catherine Cheater, Lol Briggs (for reading and commenting on the manuscript), Deborah Manning and Tracy Traynor (editors). Fleur Yerbury-Hodgson, Mary Rose, Claire Trocmé

The publishers and authors would like to thank East Oxford Primary School.

Every effort has been made to contact copyright holders of material reproduced in this book. Any omissions will be rectified in subsequent printings if notice is given to the publisher.

Copymasters and Posters

Artwork is by Barking Dog Art, Kessia Beverley Smith, John Hallett, Oxford Design and Illustrators, Andy Robb, Mark Ruffle and Anthony Rule

Workbook

Comète 2

Danièle Bourdais
Sue Finnie

Nom: _____

Classe: _____

Professeur: _____

OXFORD

Unité 1

Me voilà

1 Look at this extract from a dictionary. What do the abbreviations stand for? Look on the stars for help.

> **réel, ~le** /ʀeɛl/ a real. • nm reality.
> **réellement** adv really.
> **réexpédier** /ʀeɛkspedje/ [45] vt forward; (retourner) send back.
> **refaire** /ʀəfɛʀ/ [33] vt do again.
>
> **réfectoire** /ʀefɛktwaʀ/ nm refectory.
> **référence** /ʀefeʀɑ̃s/ nf reference.
> **références** /ʀefeʀɑ̃s/ npl (emploi) references.

1 a _____

2 adv _____

3 nf _____

4 nm _____

5 npl _____

6 v (vi/vt) _____

Stars: verb, plural noun, adjective, adverb, masculine noun, feminine noun

2 Find a French word for each of the six sections and write it in above. Check in the dictionary.

3 In which section should all these words go? Write a number (1–6) by each and check in a dictionary.

petit ☐   aller ☐   vite ☐

crêpe ☐   sauter ☐   footballeur ☐   rouge ☐

bien ☐   cheveux ☐   tennis ☐

Unité 1

1 Find 11 nationalities in the word snake.

françaissuédoiseitalienallemandeespagnolebritanniqueespagnolallemanditaliennesuédoisfrançaise

2 Look at the children on Pupils' Book, pp. 6–7. Complete the crossword with the correct nationalities.

1   Elle s'appelle Anna. Elle est …
2   Il s'appelle Romain. Il est …
3   Il habite à Madrid. Il est …
4   Elle habite à Rome. Elle est …
5   Elle aime bien regarder la télé. Elle est …
6   Il aime bien jouer à la PlayStation. Il est …
7   Il est né en Allemagne. Il est …
8   Elle est née en France. Elle est …

TROIS   3

1 **Spell out the numbers for the figures and collect the letters in boxes. Put them in the bubble and discover the mystery message!**

70 s _ _ _ ☐ _ _ e - d _ x

90 q _ _ _ _ _ _ - v _ _ _ _ _ - d ☐ x

82 q _ _ _ _ _ _ - v _ _ _ _ -☐_ _ x

92 q _ _ _ _ _ _ - v _ _ _ _ - d ☐ _ _ e

81 q _ _ _ _ _ _ - v _ _ _ _ -☐n

91 q _ _ _ _ _ _ - v _ _ _ _ - o _ ☐ e

100 c ☐ _ t

72 s _ _ _ ☐ _ _ _ - d _ _ _ e

71 s _ _ _ _ _ _ _ _ _ o ☐ _ e

80 q _ _ _ _ _ - v _ _ _ _ ☐

J' _ _   _ _ _ _ _   _ _ _ !

---
soixante-dix * soixante et onze * soixante-douze * quatre-vingts * quatre-vingt-un * quatre-vingt-deux * quatre-vingt-dix * quatre-vingt-onze * quatre-vingt-douze * cent
---

2 *Jeu du morpion.* **Play 'Three in a row' with a partner. Use pencil so you can rub it out.**

Exemple:

A Quatre-vingt-dix

B Quatre-vingt-treize

70	72	85	76
81	(90)	91	87
80	93̶	82	98
71	100	95	79

4 **QUATRE**

Au micro!

1 **Number the questions that correspond to each answer.**

2 **Complete the answers with your details.**

3 **Record your 'interview'!**

- Tu habites où?
- Tu as quel âge?
- C'est quoi, tes passe-temps préférés?
- C'est quoi, ta date de naissance?
- Tu as un animal?
- Comment tu t'appelles?
- Il y a qui dans ta famille?
- Tu parles quelle langue?
- Tu es de quelle nationalité?
- Tu mesures combien?

1 Je m'appelle _____ .
2 J'ai _____ ans.
3 Je suis né(e) le _____ .
4 J'habite à _____ en/au/aux _____ .
5 Je suis _____ .
6 Je parle _____ .
7 J'aime bien _____
   _____ .
8 Il y a _____
   _____ .
9 Je n'ai pas d'animal / J'ai _____
10 Je mesure _____ mètre _____ .

Unité 1

CINQ 5

Fill in the playscript. Listen and check the answers with Pupils' Book, p. 10.

1. **Néo:** Bonjour! Tu t'appelles comment?

   Boy: _____ Vercingétorix!

2. **Lili:** _____?

   Boy: J'habite là-bas, à Lutèce, en Gaule!

3. **Lili:** Ah! Je vois! La Gaule, maintenant, _____ la France et Lutèce, _____ Paris!

4. **Lili:** C'est un Gaulois!

   Man: _____ ! Super, mon sanglier, non?

5. **Man:** Hop là! Un plus. _____ les sangliers ... et les soldats romains!

6. **Néo:** _____ , j'aime bien les soldats romains!

   Lili: Néo, attention! Viens vite!

6 **six**

Unité 1

ÉDITION SPÉCIALE

I can ...	me	my partner
• say who I am (name, age)		
• say what nationality I am		
• say in which town I live		
• say in which country I live		
• say what language(s) I speak		
• say when and where I was born		
• say the numbers up to 100		

Also:
_____
_____
_____

À TOI DE JOUER!

Circle the odd one out in each line and write it down to discover the news headline!

1. les amis — le sport — les animaux
2. j'aime — tu adores — préféré
3. au Japon — en France — au Maroc
4. c'est — j'ai — je suis
5. la musique — le football — la tortue

_____ _____ _____,
       1   2   3
_____ _____ !
       4   5

SEPT 7

Unité 2

Ma passion

1 Match the sentence halves by finding the pairs of shapes that are exactly the same. Write out the sentences.

- Je collectionne
- Je fais
- du vélo.
- lis.
- au football.
- J'écoute
- Je joue avec
- nage.
- mes CD.
- du roller.
- Je
- les autographes.
- la télé.
- Je joue à
- Je fais
- Je joue
- Je regarde
- mon chien.
- Je
- la PlayStation.

1 _____
2 _____
3 _____
4 _____
5 _____
6 _____
7 _____
8 _____
9 _____
10 _____

8 HUIT

Unité 2

1 Read the captions and draw in 'thumbprint people' to match.

Marc aime jouer au football.

Anne aime faire du vélo.

Paul aime nager.

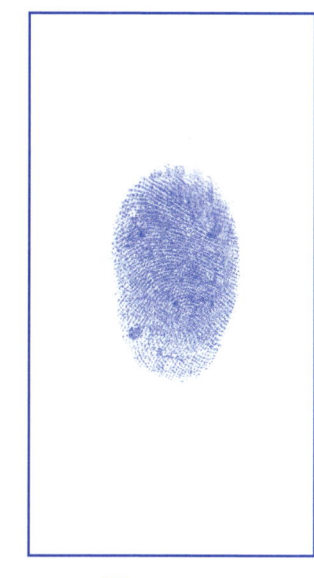

Zoé aime écouter ses CD.

2 Who likes what? Follow the tangled lines and write sentences.

Exemple: Éric aime jouer avec son chien.

Éric
Luc
Isabelle
Karim
Nadia

1 _____
2 _____
3 _____
4 _____
5 _____

NEUF 9

1 Max or Marie? Write the words in the box in the right column.

blonde   jolie   acteur   brun   chanteuse   grande   petit   américain

Max

Marie

_____   _____
_____   _____
_____   _____
_____   _____
_____   _____

2 Circle the odd word out in each line. Then use the circled words to fill in the gaps in the description.

1 américaine   actrice   chanteuse   danseuse
2 acteur   chanteur   chanteuse   footballeur
3 joue   fais   lis   chanter

Mon idole, c'est Madonna. Elle est _____ . Elle est

_____ et actrice. Je voudrais _____ comme elle.

10   DiX

Unité 2

Au micro!

1 **Number the questions that correspond to each answer.**

2 **Complete the answers with your details.**

3 **Record your 'interview'!**

- Tu es grand(e) ou petit(e)?
- Tu fais quoi le soir?
- Comment tu t'appelles?
- Tu aimes faire quoi le week-end?
- Ton chanteur préféré, c'est qui?
- Tu lis quand?
- Ta chanteuse préférée, c'est qui?
- Tu voudrais être chanteur/chanteuse ou acteur/actrice?
- Ton idole, c'est qui?

1 Je m'appelle_____.
2 Je suis_____.
3 Mon idole, c'est _____.
4 Ma chanteuse préférée, c'est _____.
5 Mon chanteur préféré, c'est _____.
6 Je voudrais être_____.
7 Le soir, je _____.
8 Le week-end, j'aime _____.
9 Je lis _____.

ONZE 11

Fill in the playscript. Listen and check the answers with Pupils' Book, p. 18.

1 **Lili:** Tu veux _____ , Néo?

Néo: Oui! Oui!

2 **Néo:** C'est qui? _____ grand, il est blond … et très important!

Lili: C'est le roi Louis XIV! On est à Versailles!

3 **King:** _____ quoi?

Néo: Euh …

Lili: Du roller, Majesté.

4 **King:** Moi, _____ faire du roller!

Néo: Pas de problème!

5 **King:** J'adore _____ du roller!

6 **King:** Aïe! Ma _____ !

Lili: Oh non!

7 **King:** Assassins! Criminels! Attrapez-les!

Néo: Vite, Lili! _____ ici!

12 DOUZE

Unité 2

ÉDITION SPÉCIALE

I can ...	me	my partner
• say what I do at the weekend		
• say when I watch TV		
• say when I play football		
• say what I like to do in my spare time		
• ask someone if he/she would like to do an activity (e.g. listen to CDs)		
• say what I would like to be (singer, actor, etc.)		
• describe what a famous person looks like		

Also: _____
_____

À TOI DE JOUER!

Do the crossword.

Across
3   Je joue ... la PlayStation.
4   Je collectionne ... autographes.
6   Tu veux regarder la ... ?
9   un sport: le ...
11 une chanteuse; ... chanteur
13 Astérix est petit ... blond.
14 ... fais du vélo.
15 Éric est petit; Anna est ...
16 ... , deux, trois
18 Tu veux ... du roller?

Down
1   ... toi, tu fais quoi?
2   C'est mon idole: ... est footballeur.
5   Deux + quatre = ...
7   J'aime bien ... mes CD.
8   Il chante: il est ...
10 ... joue?
12 Elle habite en Belgique: elle est ...
13 Je nage ... je lis.
17 Elle ... nage pas.

TREIZE 13

Quiz 1

Unités 1+2

1 Find the names of six nationalities in this snake!

britannique allemand espagnol italien français suédois

2 Help Néo decide what to say in each situation. Tick the right answer.

a *Tu es de quelle nationalité?*

- ☐ Je m'appelle Néo.
- ☐ J'habite en France.
- ☐ Je suis ☿✹❊πᛝ.

b *Qu'est-ce que tu fais le week-end?*

- ☐ Non, je n'aime pas le week-end.
- ☐ Je regarde la télé.
- ☐ Oui, d'accord!

c *Pour toi, le meilleur film, c'est quoi?*

- ☐ C'est E.T., l'Extraterrestre.
- ☐ Je voudrais être acteur.
- ☐ C'est mon passe-temps préféré.

3 Read Néo's e-mail and write a reply about yourself.

néo@comète.com

Je m'appelle Néo. J'habite sur une comète. Je suis né le 14 juillet à ☿✹❊πᛝ.
Le week-end, j'aime bien voir mes copains et regarder la télé. Plus tard, je voudrais être explorateur! J'adore voyager. Mon idole, c'est David Bowie. C'est un acteur et un chanteur. Il est anglais. Et toi?
Néo

_____
_____
_____
_____
_____

Unité 3

Il fait beau

1 Find eight weather phrases on the thermometer.

ilfaitbeauilyadusoleililfaitchaudilyaduventilfaitfroidilpleutilfaitgrisilneige

2 Listen and complete the song with the weather phrases.

Quel temps il fait, quel temps il fait

au printemps, au printemps?

Il fait beau et _____ et _____

au printemps, au printemps.

Quel temps il fait, quel temps il fait

en été, en été?

_____ , _____

_____ en été, en été.

Quel temps il fait, quel temps il fait

en automne, en automne?

_____ et _____

et _____ en automne, en automne.

Quel temps il fait, quel temps il fait

en hiver, en hiver?

_____ et _____ et la neige,

c'est super

en hiver, en hiver!

QUINZE 15

1 Listen and tick the two penpals described by the teacher.

1 Malika ☐   2 Sophie ☐   3 Paul ☐   4 Hugo ☐

2 Listen again and colour in their clothes.

3 Colour in the clothes of the other two children. Choose one and complete his/her *fiche*.

Fiche

Je m'appelle _____ .

Je suis   grand ☐   grande ☐   petit ☐   petite ☐
          blond ☐   blonde ☐   brun ☐   brune ☐

Je porte _____

_____

_____ .

16   SEIZE

Unité 3

1 Complete the sentences, using words from the suitcase.

1 On porte un b_____ sur la tête, quand il fait froid.
2 On porte des g_____ sur les mains, quand il fait froid.
3 On porte des l_____ sur les yeux, quand il y a du soleil.
4 On porte une é_____ en hiver.
5 On porte un s_____ en été.
6 On porte un m_____ à la piscine.
7 On porte un b_____ quand il pleut.
8 On ne porte pas de p_____ quand il fait beau.
9 En Grande-Bretagne, une fille porte une j_____ à l'école.
10 En Grande-Bretagne, un garçon porte un p_____ à l'école.
11 En Grande-Bretagne, on porte une c_____ blanche à l'école
12 En Grande-Bretagne, on porte des c_____ noires à l'école.

Suitcase words: pantalon, t-shirt, baskets, jupe, écharpe, lunettes de soleil, short, jean, pull, chemise, chaussures, bonnet, blouson, gants, maillot de bain

Ma tenue préférée, c'est un _____, un _____ et des _____.

2 Fill in Néo's bubble about his favourite outfit. Use the leftover words in the suitcase.

DIX-SEPT 17

Fill in the playscript. Listen and check the answers with Pupils' Book, p. 25.

1

Néo: Oh! _____ ici! Regarde, Lili! C'est un carnaval?

2

Lili: Oh non! On est à Paris et c'est la Révolution _____ !

3

Revolutionary: Qu'est-ce que_____, là?

Néo: Oh! C'est _____ quand _____ : mon short, mon t-shirt, et mes lunettes de soleil. Cool, non?

4

Revolutionary: Regardez! _____ de pantalon bleu blanc rouge, il n'a pas de bonnet rouge. Ce n'est pas un ami de la Révolution. À la guillotine!

5

Néo: Lili! C'est quoi, la guillotine?

Lili: C'est pour couper _____ des prisonniers.

6

Lili: Vite, Néo, _____ !

Unité 3

Au micro!

1 **Number the questions that correspond to each answer.**

2 **Complete the answers with your details.**

3 **Record your 'interview'!**

☐ C'est quoi, ta tenue préférée?

☐ Tu habites en ville?

☐ Qu'est-ce que tu portes à l'école?

☐ Tu vas où en vacances?

☐ Quel temps il fait dans ton pays?

☐ Qu'est-ce que tu aimes faire?

1 J'habite _____.

2 Ici, il _____
_____.

3 Je porte _____
_____.

4 C'est _____
_____.

5 J'aime bien _____
_____.

6 Je vais _____
_____.

DIX-NEUF 19

ÉDITION SPÉCIALE

I can ...	me	my partner
• say what the weather is like		
• say the names of clothes		
• say what I wear to go to school		
• say what I wear in different weather		
• describe clothes in more detail (colour, size)		
• say what my favourite outfit is		
• describe someone (size, hair, clothes)		
• say where I'd like to go on holiday		

Also:
_____
_____
_____

À TOI DE JOUER!

Find the two sentences hidden in this jigsaw puzzle. Write them out.

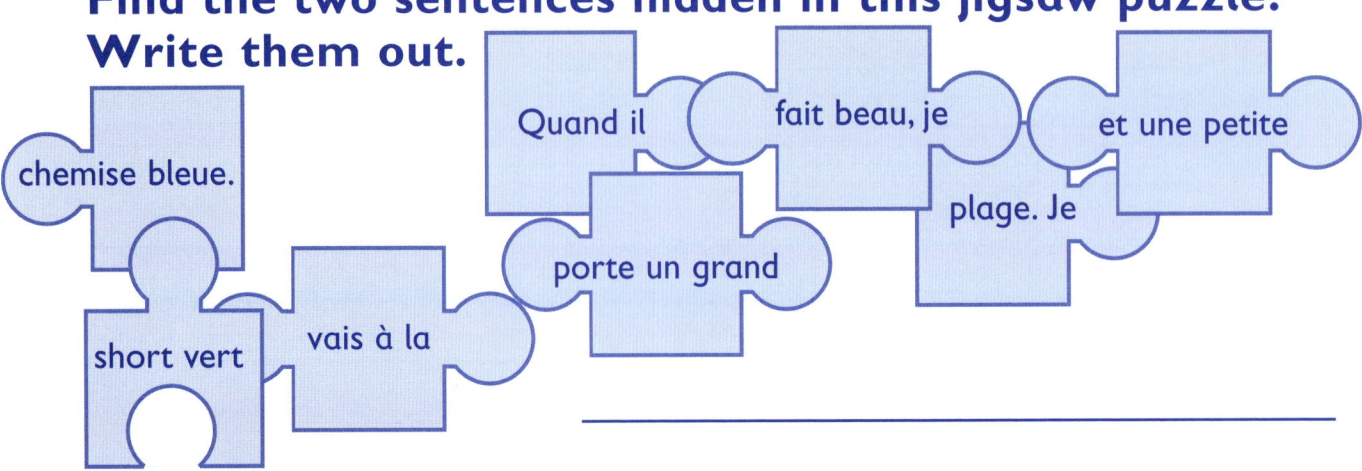

- chemise bleue.
- Quand il
- fait beau, je
- et une petite
- plage. Je
- porte un grand
- vais à la
- short vert

_____
_____

Unité 4

Par ici

1   Read and draw.

a Néo est sous un chat.

b Néo est sur un éléphant.

c Néo est derrière un rat.

2   Write captions.

d_____

e_____

f_____

VINGT ET UN   21

1 Listen to the song. Write *à la*, *au*, or *aux* to fill in the gaps.

1

Moi, je vais _____ zoo - o - o - o - o.
Moi, je vais _____ zoo - o - o - o - o.
Moi, je vais _____ zoo.
Je vais _____ zoo.
Moi, je vais _____ zoo - o - o - o - o.

2

Moi, je vais _____ plage – la, la, la, la.
Moi, je vais _____ plage – la, la, la, la.
Moi, je vais _____ plage.
Je vais _____ plage.
Moi, je vais _____ plage – la, la, la, la.

3

Moi, je vais _____ marché, *etc.*

4

Moi, je vais _____ piscine, *etc.*

5

Moi, je vais _____ halles, *etc.*

6

Moi, je vais _____ gare, *etc.*

2 Listen again and sing along.

Unité 4

1   Find the names of 10 places in a town in the grid.

```
Q W R E S T A U R A N T
M A R C H É E R T Y U I
O M P A C S D F G P H J
J A R D I N P U B L I C
K H L Z N X I C V A B P
T A N I É Y S Q I G M O
W L E T M R C Y U E O S
M L W L A N I G A R E T
A E S D F G N H J U K E
X S Z O O V E L M O E T
```

2   Choose three places you'd like to go and write three sentences.

Exemple: Je vais à la plage.

a _____

b _____

c _____

ViNGT-TROiS 23

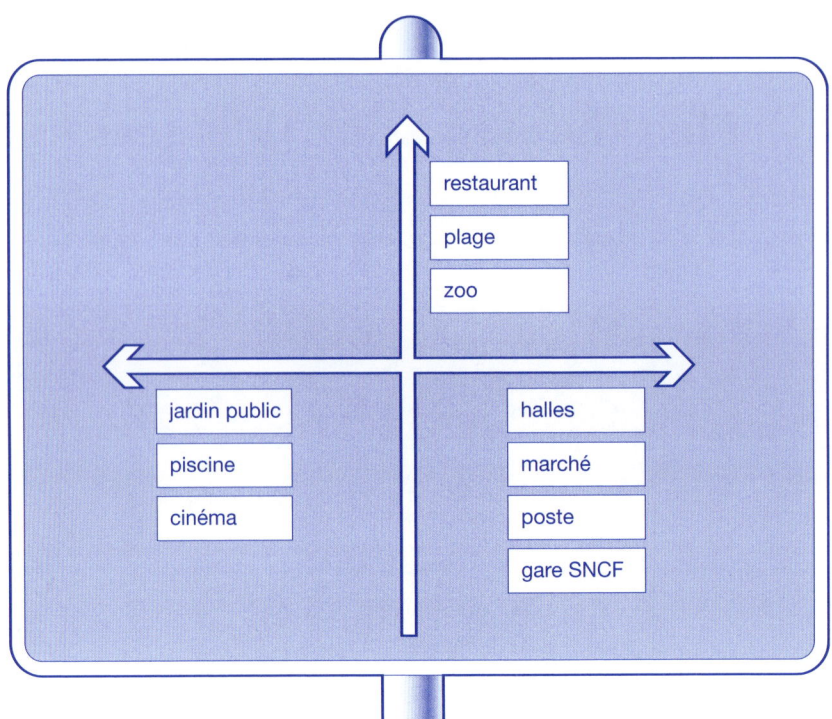

1 Give directions.

Exemple: • *Pour aller au restaurant, s'il vous plaît?*
— *Allez tout droit.*

a • Pour aller à la plage, s'il vous plaît?
— _____

b • Pour aller au cinéma, s'il vous plaît?
— _____

c • Pour aller aux halles, s'il vous plaît?
— _____

d • Pour aller à la piscine, s'il vous plaît?
— _____

e • Pour aller à la gare, s'il vous plaît?
— _____

f • Pour aller au zoo, s'il vous plaît?
— _____

Unité 4

**1 Play noughts and crosses with a partner.
Name the picture to place your O or X.**

> les toilettes   la salle de classe   le bureau
> la cantine   l'entrée   le terrain de sport
> la salle polyvalente   les vestiaires   la cour

2 Write the names under the pictures.

VINGT-CINQ   25

Au micro!

1 **Number the questions that correspond to each answer.**

2 **Complete the answers with your details.**

3 **Record your 'interview'!**

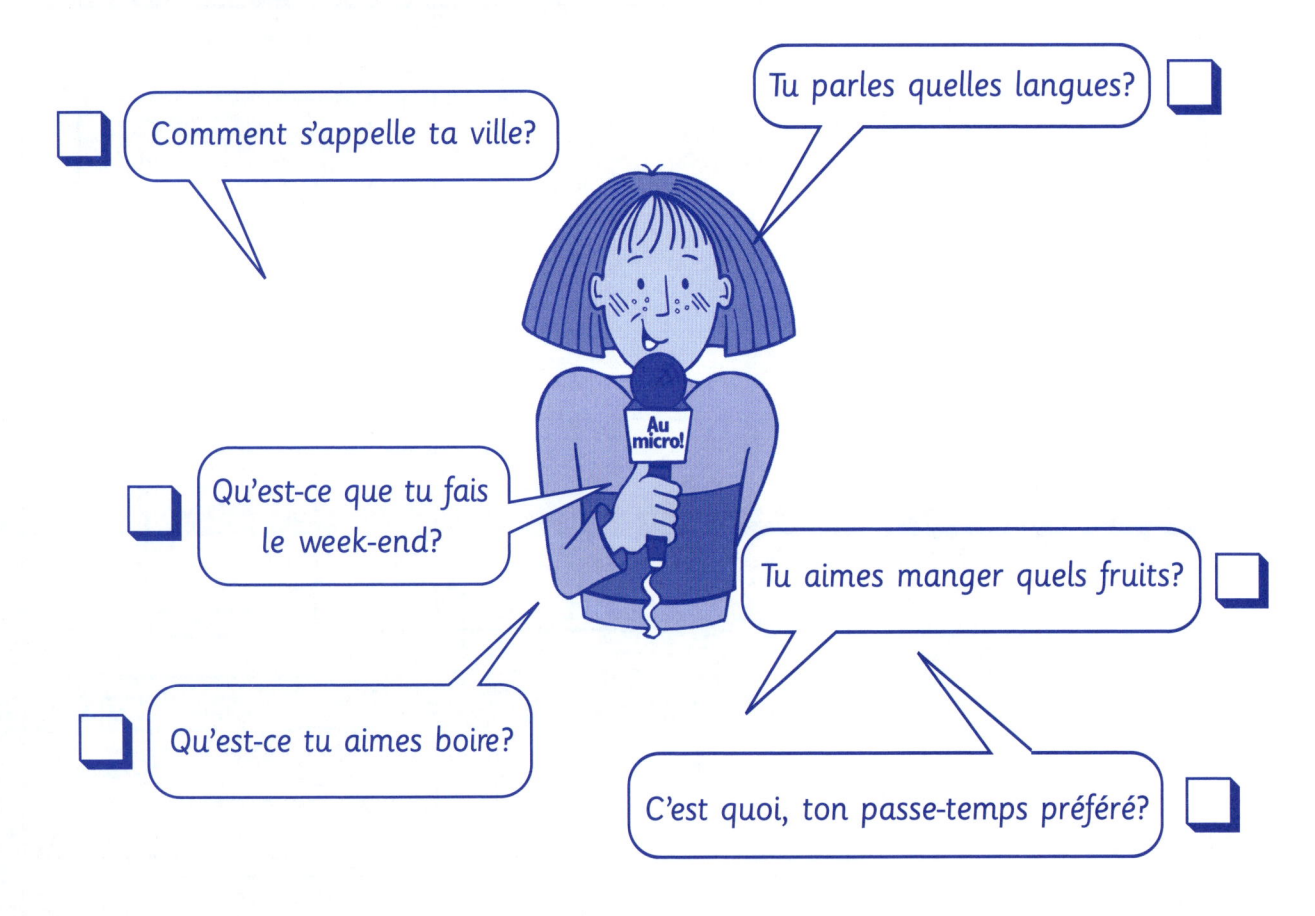

☐ Comment s'appelle ta ville?

☐ Tu parles quelles langues?

☐ Qu'est-ce que tu fais le week-end?

☐ Tu aimes manger quels fruits?

☐ Qu'est-ce tu aimes boire?

☐ C'est quoi, ton passe-temps préféré?

1 Mon passe-temps préféré _____ .

2 Je parle _____ .

3 J'aime boire _____ .

4 J'aime manger _____ .

5 Ma ville s'appelle _____ .

6 Le week-end, je _____ .

Unité 4

Fill in the playscript. Listen and check the answers with Pupils' Book, p. 38.

1
Lili: Il fait beau.

Néo: On est où? À la _____ ?

2
Lili: _____ , mais c'est un champ … de bataille!!!

3
Napoléon: Soldats! Attaquez les ennemis _____ vous!!

4
Lili: Oh! C'est _____ . On est à la bataille d'Austerlitz! … Vite, il faut partir!

5
Lili: À droite, non _____ … Non, non tout droit! Oh! Plus haut, plus haut!

6
Néo: Un moment … _____ une photo.

7
Lili: Une photo de Napoléon! Méga cool! _____ , Néo!

ViNGT-SEPT 27

ÉDITION SPÉCIALE

I can ...	me	my partner
• describe where something is (on, under, in front of, behind)		
• name 10 places in a town		
• say where I am going		
• ask directions to a place		
• give someone directions		
• ask someone which of two things he/she prefers		

Also:
_____
_____
_____
_____

À TOI DE JOUER!

Find the odd one out in each line. Explain why.

1. à gauche — à droite — tout droit — s'il vous plaît
2. sous — marché — devant — derrière
3. lion — gare — gorille — éléphant
4. poste — restaurant — zoo — cinéma

Quiz 2

Unités 3+4

1 Read the sentences. Underline the correct option.

1 Il fait beau. Il y a du soleil et **(a)** il pleut **(b)** il fait chaud.

2 En hiver, je porte un bonnet, des gants et **(a)** une écharpe **(b)** un short.

3 Le week-end, je vais au marché et au **(a)** piscine **(b)** cinéma.

4 Le zoo est **(a)** sur **(b)** derrière **(c)** sous la gare.

2 Help Néo by choosing the correct words from the box to complete his sentences.

a. Quel temps il fait? — Il fait _____.

b. Tu vas où? — Je vais au _____.

c. C'est où? — C'est à _____.

beau   cinéma   devant   droite   froid   gauche   gris   plage   toilettes

3 Read Néo's e-mail and write a reply about yourself.

néo@comète.com

En été, sur ma comète, il fait froid et il neige. En hiver, il fait beau et chaud. Ma tenue préférée, c'est un jean, un t-shirt et des baskets. À l'école, je porte un uniforme bleu et vert. Pendant les vacances, je vais à la campagne sur la Terre*! J'aime bien aller au jardin public et au zoo. Et toi?

_____
_____
_____
_____

*la Terre – Earth

VINGT-NEUF 29

Unité 5

À table!

1 Complete the labels with *le*, *la*, or *les*.

1 <u>le</u> pâté

2 _____ carottes râpées

3 _____ salade verte

4 _____ viande

5 _____ poisson

6 _____ légumes

7 _____ frites

8 _____ glace

9 _____ fruits

10 _____ fromage blanc

2 Fill in each sentence.

☺☺ J'adore _____

☺ J'aime bien _____

☹ Je n'aime pas _____

☹☹ Je déteste _____

30 TRENTE

Unité 5

1   Listen to the rhyme and fill in the missing words. Choose from the box.

Qui a mangé du _____ ?
Moi, je n'ai pas mangé de _____ ,
c'est le _____ !

Qui a mangé des _____ ?
Moi, je n'ai pas mangé de _____ ,
c'est la _____ !

Qui a mangé de la _____ ?
Moi, je n'ai pas mangé de _____ ,
c'est la _____ !

Et qui a mal à l'estomac?
Euh … c'est moi!

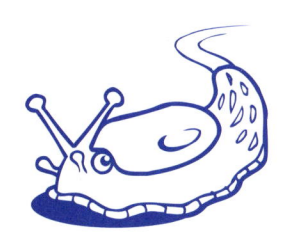

| glace | limace | souris | chocolat | chat | biscuits |

TRENTE ET UN   31

1 **Play Battleships. Choose a food for each animal by ticking boxes on the grid. Ask questions to find out your partner's choices, writing a tick/cross each time.**

A Le chat a mangé des biscuits?

B Non, il n'a pas mangé de biscuits. La souris a mangé du chocolat?

A Oui, elle a mangé du chocolat!

	le chat	l'oiseau	le poisson	la souris	l'araignée	la limace
le chocolat						
les biscuits						
la glace						
les bonbons						
le gâteau						
la crème brûlée						

Unité 5

1 Match up the beginnings and endings to make correct sentences. (Remember to find the appropriate verb ending for each subject!)

Exemple: Les filles ●――――● mangent des fruits et des légumes.

1 En France, les élèves ne ●   ● a **aimes** les bonbons.

2 La souris ●   ● b **mangent** des carottes.

3 Les lapins ●   ● c **adore** le fromage.

4 Les tortues ●   ● d **mange** des fruits pour le goûter.

5 Les garçons n' ●   ● e **aiment** bien la salade verte.

6 Le chat ●   ● f **adore** le chocolat.

7 Je n' ●   ● g **mangent** pas de 'packed lunch'.

8 J' ●   ● h **aime** pas le fromage.

9 Je ●   ● i **aiment** pas manger le matin.

10 Tu ●   ● j **aime** manger des souris.

2 In pairs, check whether the last four sentences are true or false.

Exemple: **A** Tu n'aimes pas le fromage?
           B Non, je n'aime pas ça.

Fill in the playscript. Listen and check the answers with Pupils' Book, p. 46.

1

Lili: Oh non! C'est la guerre de 39–45! ... Ah! Des rats! Ah, je _____ rats!

Néo: Hmmm ... Moi, j'ai faim.

2

Lili: Je _____ sandwichs, s'il vous plaît.

Shopkeeper: Tu as une carte de rationnement?

3

Lili: Euh, non!

Shopkeeper: Alors, désolé. _____ de pain, pas de viande, pas de fromage ...

4

Néo: Moi, _____ légumes.

Shopkeeper: Désolé, _____ légumes, pas de fruits ...

5

Néo: Alors, les Français _____ quoi en 39–45?

6

Néo: Ah ah! _____ une idée ...

Lili: Ah! Un rat! Quelle horreur!! Vite, on part!

Au micro!

1 **Number the questions that correspond to each answer.**

2 **Complete the answers with your details.**

3 **Record your 'interview'!**

Qu'est-ce que tu aimes manger?

Qu'est-ce que tu fais le week-end?

Il y a qui dans ta famille?

C'est quoi, ton plat préféré?

Qu'est-ce que tu n'aimes pas manger?

Tu voudrais faire quoi?

1 Il y a _____.
2 Le week-end, je _____.
3 Je voudrais _____.
4 J'aime _____.
5 Je n'aime pas _____.
6 Mon plat préféré, _____.

1 Listen and underline the *-ille* sounds in red and the *-eil(le)* sounds in blue.

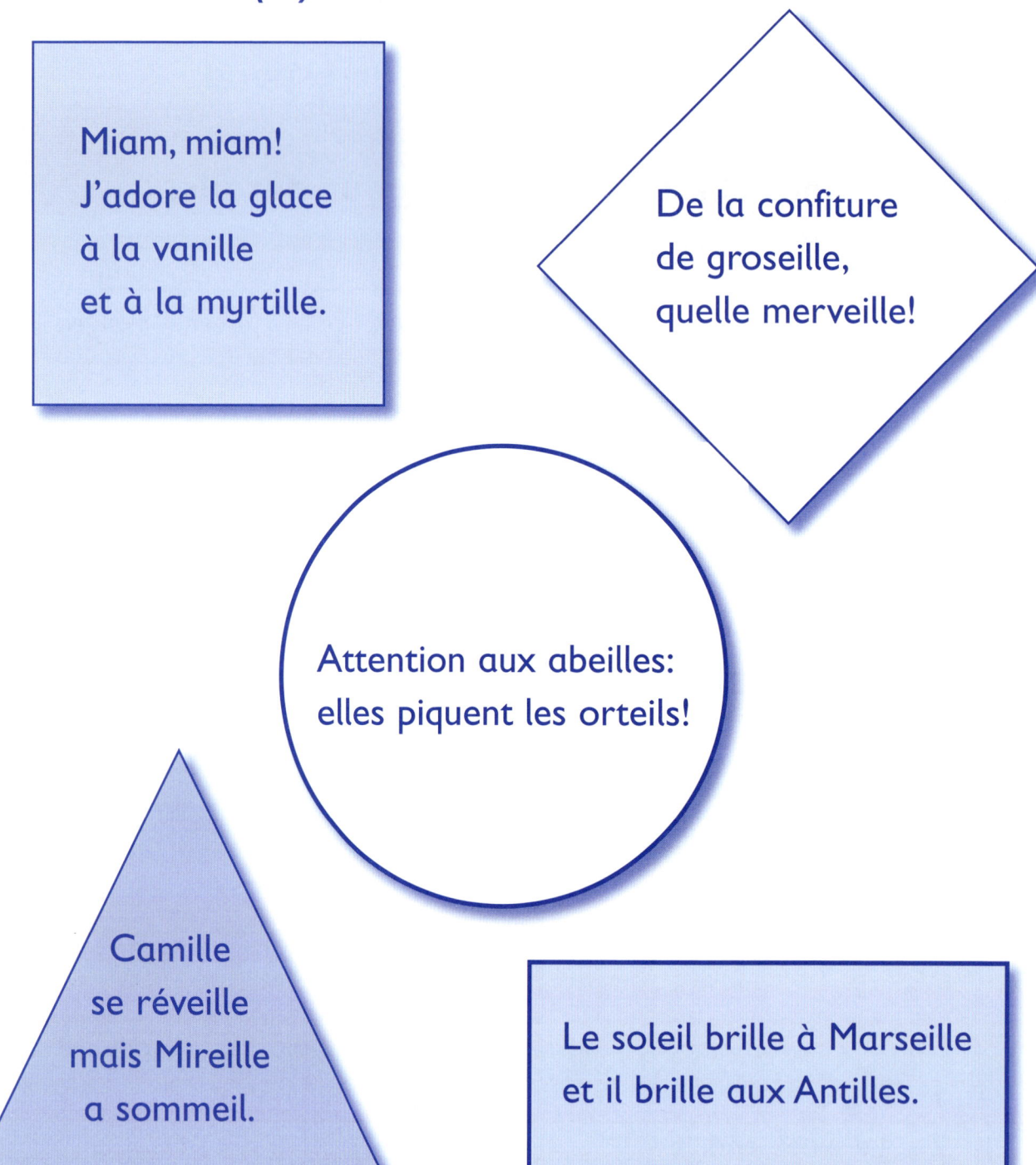

Miam, miam!
J'adore la glace
à la vanille
et à la myrtille.

De la confiture
de groseille,
quelle merveille!

Attention aux abeilles:
elles piquent les orteils!

Camille
se réveille
mais Mireille
a sommeil.

Le soleil brille à Marseille
et il brille aux Antilles.

2 Have a go at saying these tongue twisters!

Unité 5

ÉDITION SPÉCIALE

I can ...	me	my partner
• name popular food items		
• describe flavours and fillings		
• offer food items		
• accept or refuse food politely		
• say what I like or don't like		
• say what I normally eat		
• say what I don't eat and explain why		

Also:
_____
_____
_____

À TOI DE JOUER!

Write this sentence in the right order.

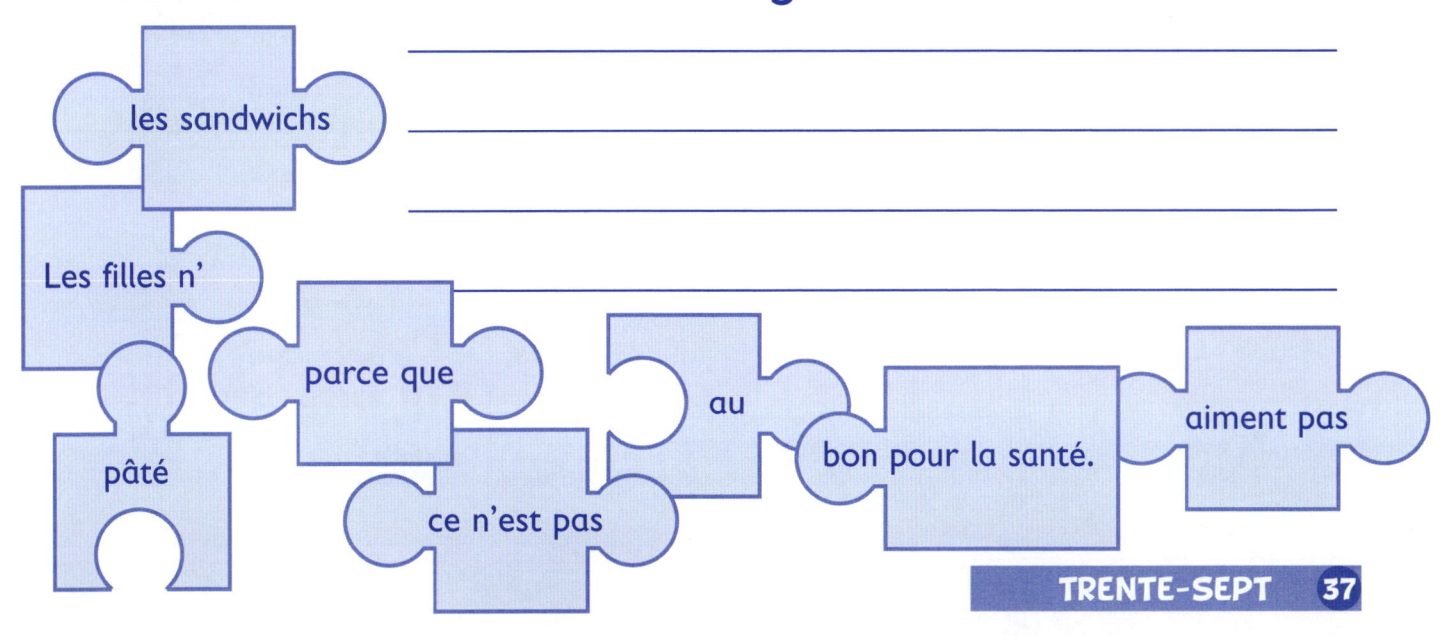

_____
_____
_____

- les sandwichs
- Les filles n'
- pâté
- parce que
- ce n'est pas
- au
- bon pour la santé.
- aiment pas

TRENTE-SEPT 37

Unité 6

S'il vous plaît

1 Find four shops in the wordsnake.

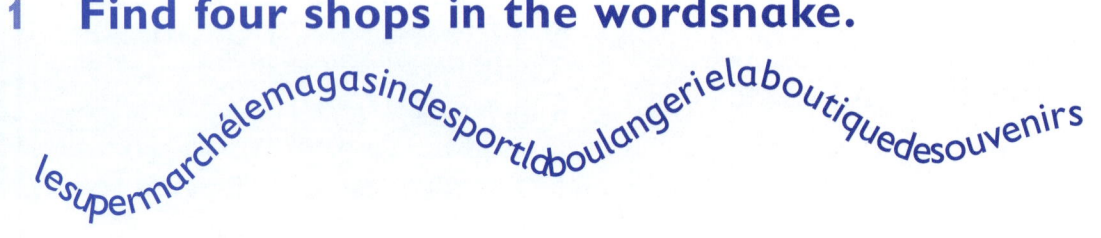

lesupermarchélemagasindesportlaboulangerielaboutiquedesouvenirs

2 Where are they going? Untangle the lines and fill in the bubbles.

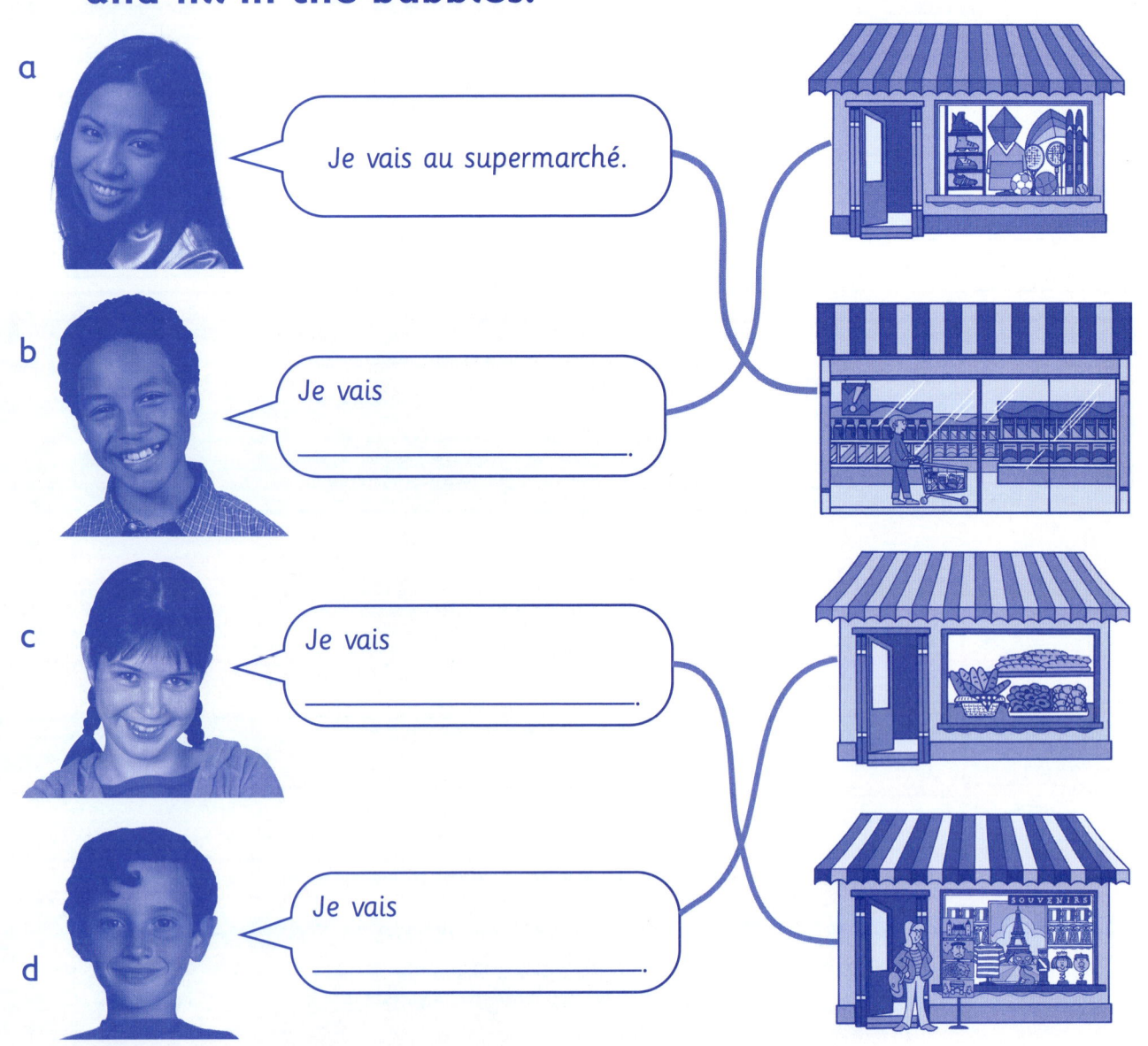

a Je vais au supermarché.

b Je vais _____.

c Je vais _____.

d Je vais _____.

38 TRENTE-HUIT

Unité 6

**1 Play noughts and crosses with a partner.
Say what you'd like to place your O or X.**

Exemple: Je voudrais une carte postale, s'il vous plaît.

2 Write the names under the pictures.

| un ballon | une baguette | un cerf-volant | un livre | un CD |
| une carte postale | une glace | des bonbons | des chips |

TRENTE-NEUF 39

1   Fill in the grid.

2   Rearrange the letters on grey squares to complete the sentence and find out how much the kite costs.

Le cerf-volant coûte —————— euros.

Unité 6

1 Read and listen to what Ali did on Saturday. Draw the hands on the clocks.

1

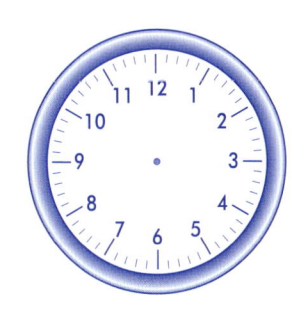

Neuf heures: Ali arrive à l'école. C'est la classe de musique.

2

Dix heures quinze: la classe de sport. Il y a un match de football.

3

Onze heures vingt: il quitte l'école.

4

Onze heures trente: il achète un livre. C'est une BD d'Astérix, son personnage de BD préféré.

5

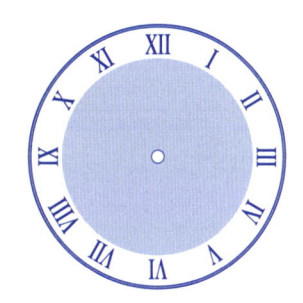

Onze heures quarante-cinq: il va à la boutique de souvenirs. Il achète un poster pour l'anniversaire de son frère.

6

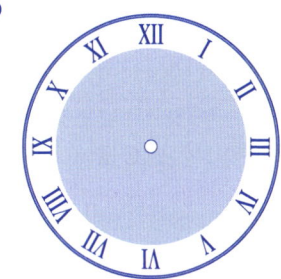

Une heure cinq: c'est l'heure du déjeuner. Ali mange une pizza. C'est bon!

7

Deux heures vingt-cinq: il va au marché avec sa mère. Elle achète des fruits et du fromage.

8

Deux heures quarante: il va à la boulangerie. Il achète une baguette pour le dîner.

9

Deux heures cinquante: Ali et sa mère prennent le bus. Ils rentrent à la maison.

QUARANTE ET UN 41

1   Write in the missing words.

– Bonjour, madame. Vous _____ ?

• Je _____ des bananes, s'il vous plaît.

– Des bananes, _____ .

• Merci. Et vous _____ des oranges?

– Oui, _____ des oranges … trois euros le kilo.

• Alors, trois oranges, s'il vous plaît.

– Voilà, les oranges sont belles! C'est _____ ?

• Oui, c'est tout. Ça fait _____ ?

– Trois euros et deux euros … ça _____ cinq euros.

il y a	voudrais	fait	désirez
voilà	combien	avez	tout

2   With a partner, adapt the conversation to buy something else.

Exemple:

un paquet de biscuits

un kilo de pommes

des yaourts

42 QUARANTE-DEUX

Au micro!

1 **Number the questions that correspond to each answer.**

2 **Complete the answers with your details.**

3 **Record your 'interview'!**

Comment s'appelle ton pays? ☐

Tu parles quelles langues? ☐

Comment s'appelle ta ville? ☐

Tu habites où? Avec qui? ☐

Quels sont tes passe-temps préférés? ☐

Comment est-ce que tu aides à la maison? ☐

1 À la maison, je _____.
2 Je parle _____.
3 J'habite _____.
4 Mes passe-temps préférés _____.
5 Ma ville s'appelle _____.
6 Mon pays s'appelle _____.

Fill in the playscript. Listen and check the answers with Pupils' Book, p. 60.

1

Néo: Regarde, Lili! C'est _____.

Lili: Oui! Nous sommes dans le présent! Ouf!

2

Néo: On fait du shopping? _____ acheter des souvenirs.

Lili: D'accord!

3

Lili: Le rayon des souvenirs est au _____.

4

Néo: J'ai une idée! Vous avez des _____, s'il vous plaît?

Salesperson: Oui, monsieur. Voilà.

5

Néo: Le grand cerf-volant rouge, _____?
Salesperson: 15 euros.

6

Néo: Excellent! Je le prends!

7

Néo: Je rentre chez moi! Au revoir, Lili!

Lili: _____, Néo! Bon voyage!

Unité 6

ÉDITION SPÉCIALE

I can ...	me	my partner
• name five shops		
• say what I would like to buy		
• ask a shopkeeper if he/she has something I want		
• ask how much it costs		
• say the price of something		
• use please and thank you to be polite		
• say what floor something is on		
• say the time		
• ask a question using a question word (*où, quand, combien,* etc.)		

Also: _____

À TOI DE JOUER!

Put the dominoes in order starting with number 1.

1. (ballon de foot)
2. une baguette (cerf-volant)
3. un footballeur (soleil)
4. des baskets (lunettes de soleil)
5. un pull (footballeur)
6. le soleil (baskets)
7. un livre (pull)
8. un ballon (baguette)
9. des lunettes de soleil ( )
10. un cerf-volant (livre)

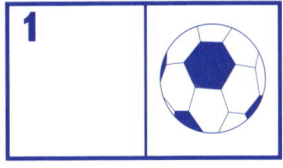

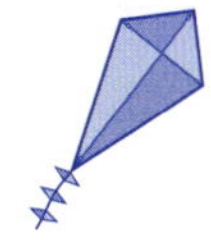

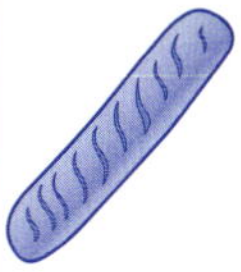

1 | | | | | | |

QUARANTE-CINQ 45

Quiz 3

Unités 5+6

1 Fill in the vowels to give three desserts, three flavours, two shops, and two numbers.

a   _n fr _ _ t   /   _n_ gl_c_   /   _n _ _ _ _ rt

b   _ _ ch_c_l_t   /   _ l_ v_n_ll_   /   _ _ c_tr_n

c   l_ b_ _l_ng_r_ _   /   l_ s_p_rm_ch_

d   s_ _ x_nt_ _t _nz_   /   q_ _ tr_-v_ngt-d_ _ z_

2 Help Néo by writing the question he needs to ask, choosing from the box.

a — Je mange des spaghetti.

b — Ça fait six euros.

c — Non, merci. Je n'aime pas les glaces.

Tu veux une glace? * C'est quoi, des spaghetti? * Vous avez des pommes, s'il vous plaît? Qu'est-ce que tu manges? * Ça fait combien, s'il vous plaît? * C'est bon, la glace?

3 Read Néo's e-mail and write a reply about yourself.

néo@comète.com

J'aime bien les menus en France! Mon plat préféré, c'est les spaghetti bolognaise. J'adore les spaghetti! J'aime bien la pizza aussi. La pizza aux fruits de mer, c'est super! Je n'aime pas le poisson, je préfère les rats! Je déteste les omelettes. Mon dessert préféré, c'est la glace à la vanille.

Ouvea — Nouméa
Nouvelle-Calédonie

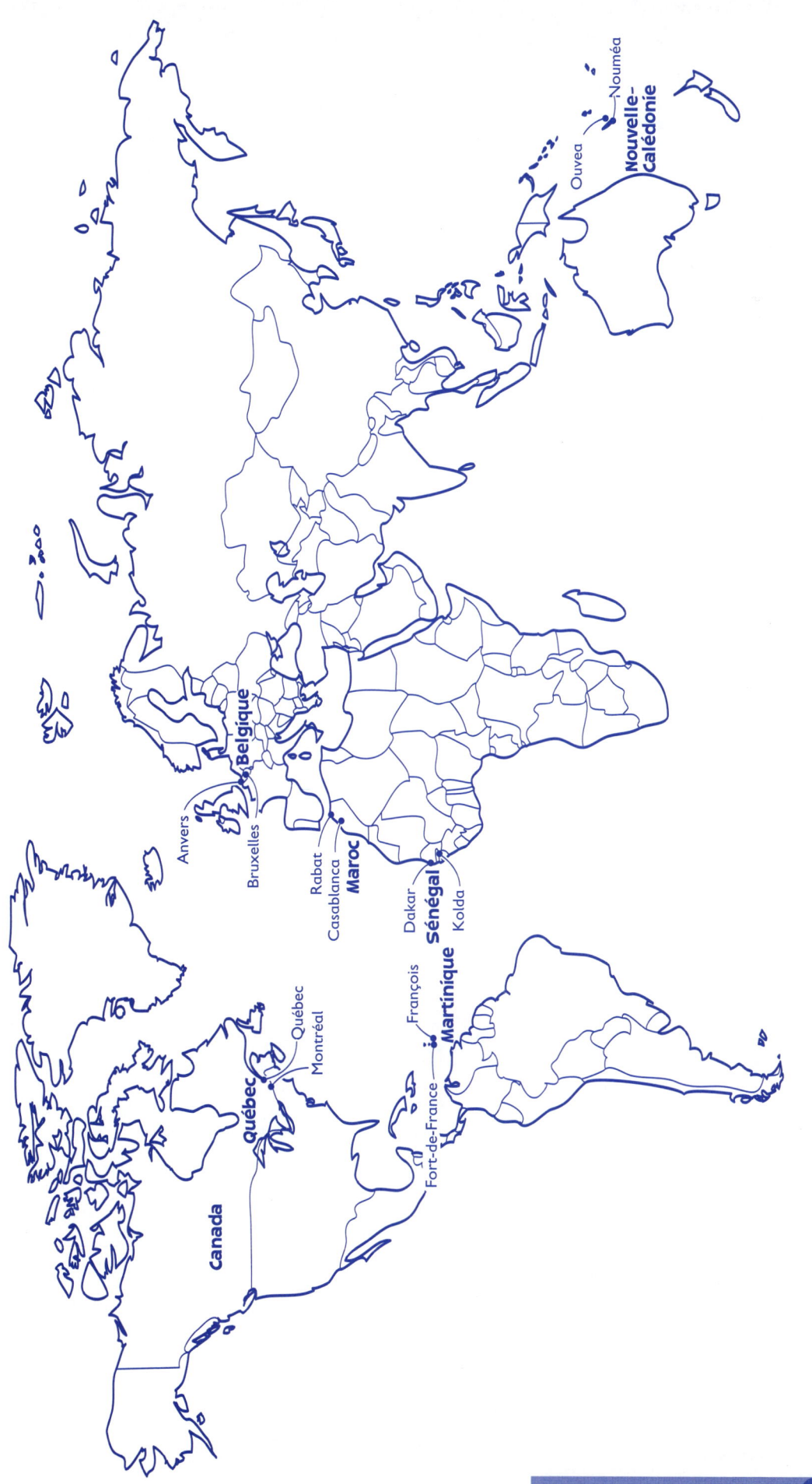

Belgique
Anvers
Bruxelles
Rabat
Casablanca
Maroc
Dakar
Sénégal
Kolda

Québec
Montréal
Québec
François
Martinique
Fort-de-France

Canada

QUARANTE-SEPT 47

Comète 2

Comète 2 is the second part of a new and exciting two-part primary French course for Years 5 and 6.

Comète has been created to give pupils an engaging, structured language-learning experience. It is divided into six units and has been designed with both the specialist and non-specialist teacher in mind.

This Workbook provides:

- Practice and support material that is an integral part of the course
- *Au micro!* pages, to consolidate learning
- *Édition spéciale*, or unit checklists, for pupils to record their own progress
- Varied listening, speaking, reading and writing activities

Pupils' Book
Workbook
Teacher's Book
Resource & Activity Pack
Class CDs
Teacher CDs
Flashcards

© Oxford University Press 2004

OXFORD UNIVERSITY PRESS

www.OxfordPrimary.co.uk

Orders and enquiries to Customer Services:
tel. 01536 741171   fax 01536 454519

ISBN 978-0-19-912415-2